国家级一流本科专业建设点配套教材
高等院校物流专业"互联网+"创新规划教材

物流工程CAD基础理论与应用实训

何民爱 主 编
夏 天 来雨静 巩向玮 副主编
郝士杰 朱孟高 侯贻蒙 参 编

内 容 简 介

本书从物流工程实际需求出发，系统介绍了物流工程、工程制图及 CAD 技术应用与操作的基础知识。本书内容以构建单元化物流系统为主线，阐述了物流技术装备合理选型及物流设施规划的专业知识点，同时介绍了 CAD 技术应用的方法和步骤。

本书注重系统性与实用性相结合，内容翔实、通俗易懂、图文并茂，既可作为高等院校物流工程、物流管理及相关专业的教材，也可作为物流行业管理者和从业人员的培训教材或参考书。

图书在版编目(CIP)数据

物流工程 CAD 基础理论与应用实训/何民爱主编. —北京：北京大学出版社，2023.3
高等院校物流专业"互联网+"创新规划教材
ISBN 978-7-301-33627-4

Ⅰ.①物… Ⅱ.①何… Ⅲ.①物流管理—计算机辅助设计—AutoCAD 软件—高等学校—教材 Ⅳ.①F252.1-39

中国版本图书馆 CIP 数据核字（2022）第 222908 号

书　　名	物流工程 CAD 基础理论与应用实训 WULIU GONGCHENG CAD JICHU LILUN YU YINGYONG SHIXUN
著作责任者	何民爱　主编
策划编辑	郑　双
责任编辑	黄园园　郑　双
数字编辑	蒙俞材
标准书号	ISBN 978-7-301-33627-4
出版发行	北京大学出版社
地　　址	北京市海淀区成府路 205 号　100871
网　　址	http://www.pup.cn　新浪微博：@北京大学出版社
电子信箱	编辑部：pup6@pup.cn　总编室：zpup@pup.cn
电　　话	邮购部 010-62752015　发行部 010-62750672　编辑部 010-62750667
印刷者	天津中印联印务有限公司
经销者	新华书店
	787 毫米×1092 毫米　16 开本　15.5 印张　323 千字 2023 年 3 月第 1 版　2023 年 3 月第 1 次印刷
定　　价	49.00 元

未经许可，不得以任何方式复制或抄袭本书之部分或全部内容。
版权所有，侵权必究
举报电话：010-62752024　电子信箱：fd@pup.pku.edu.cn
图书如有印装质量问题，请与出版部联系，电话 010-62756370

前 言

物流工程是以物流系统为研究对象,综合运用系统工程、管理科学、技术科学等相关理论、技术和方法,对物流系统进行科学规划与合理设计,实现高质量物流服务的一门学科。AutoCAD 作为通用的专业化计算机绘图软件,已广泛应用于建筑、机械、土木工程、交通工程、物流工程等领域,是专业技术人员必备的工具之一,掌握 AutoCAD 软件的操作并在专业领域加以应用成为专业人才必备的专业技能。

课程简介

目前,CAD 技术在建筑、机械、交通等专业领域的应用均有书籍出版,而 CAD 技术在物流工程领域应用的书籍极少,本书弥补了物流工程领域 CAD 技术应用知识体系的"短板",是一本培养高素质复合型物流专业人才的理想的教科书。

党的二十大报告明确提出"必须牢固树立和践行绿水青山就是金山银山的理念""必须坚持问题导向""必须坚持系统观念"。本书撰写始终遵循绿色低碳发展理念,坚持问题导向、系统观念,在系统阐述物流系统规划基础知识的基础上,以构建低碳化果蔬冷链单元化物流系统为主线,对关键技术装备的合理选型及应用问题进行了科学论述,提出了标准化技术装备选型的基本思路、工作内容和 CAD 技术应用方法。

本书分上、下两篇共 12 章。上篇(第 1～7 章)为基础知识篇,主要介绍物流工程、工程制图方面必要的基础知识,重点阐述了物流工程 CAD 软件的基础知识与操作方法。下篇(第 8～12 章)为专业实训篇,以构建单元化物流系统为主线,遵循系统化、标准化基本原则,阐述了物流周转箱、托盘、货架、叉车、仓库、货运车辆等物流装备的合理选型,以及物流中心等物流设施的规划设计等专业知识,同时介绍了 CAD 技术应用的方法和步骤,实现了物流工程专业知识点与 CAD 技术应用的完美融合。本书内容翔实、图文并茂、通俗易懂,对快速提升物流从业者的专业技能具有很好的理论指导和实践参考价值。

教学方法

本书主要有以下三大特色。

1. 突出强调标准化理念

标准化是提高物流效率、降低物流成本最有效的技术手段。本书在编写过程中,始终以构建标准化物流系统为主线，从简单的标准化物流设备选型到复杂的物流设施规划，将物流工程专业知识点、国家标准与 CAD 技术的应用有机融合，突出强调物流设施规划与物流设备选型的标准化理念，创新性强。

2. 理论与实践有机融合

本书采用作者的最新研究成果作为实训案例，注重物流设施规划与设备选型的思路、方法和技术内容的综合实训，一方面能够引导学生深入思考专业领域的工程实际问题，另一方面又能充分体验 CAD 技术在专业领域创新应用的重要价值，从而激发学生学习 CAD 技术应用的兴趣。通过本书知识的系统学习，能够全面提升学生理论联系实际的职业素养。

3. 内容系统完整，逻辑性强

本书在内容编排上遵循从易到难，循序渐进的原则，兼具系统性、完整性、实用性和逻辑性，深度和广度适中，符合教学规律，有利于激发和引导学生探求专业知识的积极性，培养和提高学生分析问题、解决问题的能力。

本书由山东交通学院何民爱教授担任主编。具体编写分工为：山东轻工职业学院巩向玮编写第 1 章，山东城市建设职业学院来雨静编写第 2 章、第 3 章，山东城市建设职业学院夏天编写第 4~7 章，何民爱编写第 8~12 章，山东电子职业技术学院朱孟高、山东高速集团郝士杰与山东交通学院侯贻蒙参与部分案例的研讨工作。

参与本书编写的作者长期从事教学、科研与社会服务工作，多年来，作者持续关注并研究绿色低碳物流和冷链物流发展问题，于 2012 年组建"安全与环保省级重点实验室"和"绿色物流产教融合发展教学团队"。本书的出版得到物流工程 CAD 特色教材建设与课程教学改革一体化研究（山东交通学院本科教学改革研究项目，项目编号：2021XJYB04）、绿色物流产教融合协同育人实践教学平台的构建（山东交通学院教研教改项目，课题编号：JZW2020085）及山东交通学院的资金资助，在此表示衷心的感谢。本书在编写过程中参阅了许多专家、学者的有关著作，在此对相关人士表示衷心的感谢。

作者真诚地期望通过本书的出版能进一步促进高校物流工程专业人才培养模式的全面深化改革，为社会经济发展培养高水平复合型专业人才贡献一份力量。

鉴于作者的水平有限，书中难免存在不足之处，敬请广大读者批评指正。

作　者

资源索引

/ 目 录 /

上篇 基础知识篇

第 1 章 物流工程概论 3
1.1 概述 4
1.2 物流设施规划基础知识 5
1.2.1 物流园区的规划设计 5
1.2.2 物流中心的规划设计 8
1.3 物流装备的合理选型 15
本章小结 16
本章习题 16

第 2 章 工程制图基础知识 18
2.1 图纸幅面与格式 19
2.1.1 图纸幅面 19
2.1.2 图框格式与尺寸 19
2.1.3 标题栏与明细栏 21
2.1.4 图线 22
2.1.5 字体 23
2.1.6 尺寸标注 24
2.1.7 绘图比例 26
2.2 投影与视图的基础知识 27
2.2.1 投影的基本概念 27
2.2.2 投影法的基本原理 27
2.2.3 点、线、面的正投影规律 28
2.2.4 投影视图及表示方法 30
2.3 平面图形的尺寸分析、线段分析与作图步骤 32
2.3.1 平面图形的尺寸分析 32
2.3.2 平面图形的线段分析 32
2.3.3 平面图形的作图步骤 33
本章小结 35
本章习题 35

第 3 章	物流工程 CAD 软件基础知识	36
3.1	AutoCAD 软件的基本功能	36
3.2	AutoCAD 的用户界面与基本操作	37

- 3.2.1 菜单栏 … 38
- 3.2.2 工具栏 … 38
- 3.2.3 快速访问工具栏 … 39
- 3.2.4 标题栏 … 39
- 3.2.5 功能区 … 39
- 3.2.6 绘图窗口 … 39
- 3.2.7 十字光标 … 39
- 3.2.8 命令窗口 … 40
- 3.2.9 状态栏 … 41

3.3 AutoCAD 命令的输入方法 … 42
3.4 图形的缩放操作 … 42
3.5 AutoCAD 图形文件的管理 … 42

- 3.5.1 新建图形文件的方法 … 43
- 3.5.2 打开文件的方法 … 43
- 3.5.3 保存文件的方法 … 44

3.6 用户界面的个性化设置 … 46

- 3.6.1 快速访问工具栏选项设置 … 46
- 3.6.2 菜单栏的显示与关闭方法 … 46
- 3.6.3 功能区的显示与关闭方法 … 46
- 3.6.4 工具栏的设置方法 … 46
- 3.6.5 命令窗口的设置 … 47
- 3.6.6 精确绘图的辅助功能及设置方法 … 47
- 3.6.7 图层的设置方法 … 51
- 3.6.8 图形样板文件的保存方法 … 55

本章小结 … 56
本章习题 … 56

第 4 章 物流工程 CAD 常用图形绘制方法 … 58

4.1 点的绘制 … 59

- 4.1.1 点的样式设置 … 59
- 4.1.2 点的坐标输入方法 … 59
- 4.1.3 点的绘制方法 … 60

4.2 线段的绘制 … 61

		4.2.1 一般直线段的绘制方法	61

	4.2.2 多段线的绘制方法	62
4.3	矩形及正多边形的绘制	63
	4.3.1 矩形的绘制方法	63
	4.3.2 正多边形的绘制方法	64
4.4	圆的绘制	64
	4.4.1 绘制圆命令的输入方法	64
	4.4.2 圆的绘制方法	64
4.5	圆弧的绘制	67
	4.5.1 绘制圆弧命令的输入方法	67
	4.5.2 圆弧的绘制方法	67
4.6	图案填充	70
	4.6.1 图案填充的方法和步骤	71
	4.6.2 图案填充的操作选项	71
	4.6.3 编辑填充的图案	72
本章小结		73
本章习题		73

第5章 物流工程CAD常用编辑命令 75

5.1	图形选择的方式	76
	5.1.1 单击选择方式	76
	5.1.2 框选与交叉选择方式	76
	5.1.3 菜单栏选择方式	77
5.2	复制类命令	77
	5.2.1 复制命令	77
	5.2.2 镜像命令	78
	5.2.3 偏移命令	78
	5.2.4 阵列命令	79
5.3	改变位置类命令	80
	5.3.1 移动命令	80
	5.3.2 旋转命令	80
	5.3.3 对齐命令	81
5.4	改变几何特性类命令	82
	5.4.1 修剪命令	82
	5.4.2 延伸命令	82
	5.4.3 缩放命令	83

　　　　5.4.4　拉伸与拉长命令 84
　　　　5.4.5　圆角与倒角命令 85
　　本章小结 86
　　本章习题 86

第6章　创建文字、表格与尺寸标注的方法 89
　　6.1　文字的输入与编辑 90
　　　　6.1.1　设置文字样式 90
　　　　6.1.2　创建单行文字的方法 92
　　　　6.1.3　创建多行文字的方法 93
　　6.2　表格的创建 94
　　　　6.2.1　设置表格样式 94
　　　　6.2.2　创建表格的方法 99
　　　　6.2.3　创建表格实训 101
　　6.3　尺寸标注 103
　　　　6.3.1　尺寸标注的构成与基本要求 104
　　　　6.3.2　尺寸标注样式的设置方法 105
　　　　6.3.3　常用的尺寸标注类型及应用方法 110
　　本章小结 114
　　本章习题 115

第7章　图形的打印与输出 117
　　7.1　模型空间与布局空间的概念 118
　　7.2　图形打印参数的设置方法 118
　　　　7.2.1　利用"打印—模型"对话框设置打印参数 119
　　　　7.2.2　利用"页面设置管理器"对话框设置打印参数 125
　　7.3　图形打印输出的方法和步骤 127
　　　　7.3.1　通过模型空间打印输出图形的方法和步骤 127
　　　　7.3.2　通过布局空间打印输出图形的方法和步骤 129
　　本章小结 134
　　本章习题 134

下篇　专业实训篇

第8章　集装器具的合理选型及CAD应用实训 137
　　8.1　果蔬类集装器具选用的政策法规标准 137
　　　　8.1.1　果蔬类集装器具选用的政策环境 137
　　　　8.1.2　果蔬类周转箱的标准化情况 138

         8.1.3 果蔬托盘的标准化情况 ··· 139
    8.2 果蔬类周转箱的合理选用 ··· 141
         8.2.1 果蔬类周转箱的结构类型 ··· 141
         8.2.2 果蔬类周转箱的尺寸规格与技术要求 ··· 143
         8.2.3 果蔬类周转箱循环共用模式 ·· 144
    8.3 果蔬托盘的合理选用 ··· 145
         8.3.1 托盘的类型 ·· 145
         8.3.2 托盘的尺寸规格与技术要求 ·· 148
    8.4 标准托盘选型的 CAD 应用实训 ·· 149
         8.4.1 托盘的结构尺寸 ·· 149
         8.4.2 托盘 CAD 平面结构图的绘制方法 ·· 151
    本章小结 ·· 156
    本章习题 ·· 156

第 9 章 货架的合理选型及 CAD 应用实训 ··· 158

    9.1 概述 ··· 158
    9.2 货架的结构类型 ··· 162
    9.3 果蔬冷藏货架的选型设计 ··· 166
         9.3.1 果蔬冷藏货架的使用环境 ··· 166
         9.3.2 果蔬冷藏货架选型的技术要求 ··· 166
         9.3.3 果蔬冷藏货架的结构类型 ··· 169
         9.3.4 托盘集装单元的尺寸设计 ··· 169
         9.3.5 托盘集装单元 CAD 平面结构图的绘制方法 ····································· 172
         9.3.6 托盘式货架单元货格的尺寸设计与 CAD 技术应用 ···························· 175
         9.3.7 托盘式货架的设计 ·· 176
    本章小结 ·· 177
    本章习题 ·· 177

第 10 章 叉车的合理选型及 CAD 应用实训 ··· 179

    10.1 概述 ··· 179
         10.1.1 我国叉车行业发展概况 ··· 179
         10.1.2 叉车选用的技术标准 ·· 180
    10.2 叉车的结构类型 ··· 181
         10.2.1 按叉车的动力装置进行分类 ··· 181
         10.2.2 按叉车的结构特点与用途进行分类 ·· 182
    10.3 叉车的使用性能与基本参数 ·· 187
         10.3.1 叉车的使用性能 ·· 187

		10.3.2 叉车的技术参数	188
10.4	叉车的合理选型及应用		192
		10.4.1 确定叉车应满足的基本条件	192
		10.4.2 确定叉车的结构类型	193
		10.4.3 确定叉车的技术参数	193
		10.4.4 选择叉车的品牌和型号	193
		10.4.5 叉车应用的仓库总平面布置设计	195
		10.4.6 仓库总平面布置图的绘制方法	195

本章小结 198
本章习题 198

第11章 冷藏车的合理选型及 CAD 应用实训 200

- 11.1 概述 200
  - 11.1.1 有关鼓励冷藏车低碳化发展的部分政策 200
  - 11.1.2 我国冷藏车的标准化概况 202
  - 11.1.3 低碳化冷藏车选用的基本思路与技术路径 203
- 11.2 冷藏保温车的分类与技术要求 204
  - 11.2.1 冷藏保温车的分类 204
  - 11.2.2 冷藏保温车选型的技术要求 206
- 11.3 果蔬冷藏保温车的合理选型 207
  - 11.3.1 果蔬冷藏保温车的技术要求 207
  - 11.3.2 果蔬冷藏保温车结构类型的选择 207
  - 11.3.3 果蔬冷藏保温车厢关键参数的选择 208
- 11.4 冷藏保温半挂汽车列车选型 CAD 应用实训 210
- 11.5 果蔬冷藏保温车的合理使用 213
  - 11.5.1 车厢预冷 213
  - 11.5.2 车辆装载与有效拴固 214
  - 11.5.3 运输配送 215
  - 11.5.4 做好交接工作 215

本章小结 216
本章习题 216

第12章 物流工程 CAD 综合实训案例 217

- 12.1 案例概况 217
- 12.2 项目的战略定位与发展目标 218
  - 12.2.1 项目的战略定位 218
  - 12.2.2 项目的发展目标 218

12.3 本项目的总体布局规划 ··· 219
　　12.3.1 功能区域划分 ··· 219
　　12.3.2 总体布局规划方案 ·· 220
　　12.3.3 总平面布局图的绘制方法 ·· 228
本章小结 ··· 234
本章习题 ··· 234

参考文献 ··· 235

上篇　基础知识篇

本篇主要介绍物流工程、工程制图的基础知识，系统阐述 AutoCAD 基础知识与操作方法。通过物流工程基础知识的学习，使学生对物流工程的基本概念，物流工程规划的基本思路、方法、内容与要求有一个总体认识；通过工程制图的学习，使学生掌握工程制图的基本规范、技术图样的表达方法等；通过 AutoCAD 基础知识与操作方法的学习，使学生掌握利用 AutoCAD 进行绘图的方法和技巧，为下一篇进行专业实训奠定基础。

上篇
学习指导

思维导图

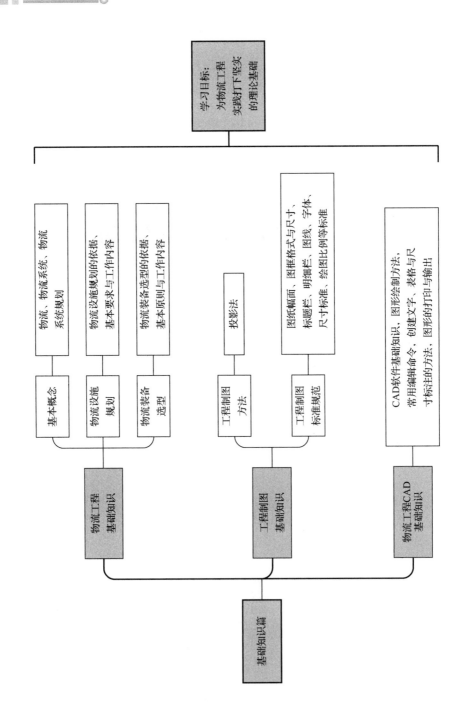

第 1 章 物流工程概论

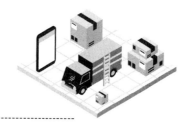

【教学目标】

(1) 理解物流工程的相关概念。
(2) 掌握物流园区、物流中心等物流设施规划设计的依据、工作内容和方法。
(3) 提高学生的物流标准化意识。
(4) 使学生能够运用所学知识分析实际案例的合理性。

【导入案例】

物流工程的基本工作内容包括物流设施的科学规划、物流装备的合理选型及高效的运营管理等。图 1-1 所示为某项目的规划效果图,该项目是在已有铁路专用线的基础上,面向城市支柱产业的物流需求,按照"安全高效、节能环保"基本原则而规划建设的物流中心,其主要功能区技术指标值如表 1-1 所示。

导入案例

图 1-1 某项目的规划效果图

表1-1 主要功能区技术指标值

序号	主要功能区技术指标	单位	数值
1	项目总占地面积	m²	591651
2	总建筑面积	m²	82980
3	建（构）筑物占地面积	m²	178216
4	联运配载中心面积	m²	17187
5	公共仓储区面积	m²	87574
6	行政办公及商务配套服务区面积	m²	49560
7	集装箱堆场面积	m²	87414
8	铁路装卸区面积	m²	40844
9	停车场面积	m²	35023
10	道路面积	m²	146601
11	绿化面积	m²	112217
12	容积率	—	0.64
13	建筑密度	%	53.9

阅读以上案例并认真思考以下问题：（1）什么是物流中心？本项目所规划的物流中心属于什么类型？（2）项目规划的基本依据是什么？（3）项目规划的基本要求有哪些？（4）项目规划时应关注哪些技术指标？这些技术指标应满足什么要求？（5）项目规划的基本思路、工作内容如何？（6）根据表1-1的数据分析评价本项目规划的主要指标是否符合国家标准要求？

基于以上问题，本章将以标准化作为切入点，讲解物流园区、物流中心的规划设计及物流装备的合理选型。

1.1　概述

物流（logistics）是根据实际需要，将运输、储存、装卸搬运、包装、流通加工、配送、信息处理等基本功能实施有机结合，使物品从供应地向接收地进行实体流动的过程。物流系统可以理解为根据实际需要，从系统的角度，通过有效的技术手段和方法整合各种可能的资源要素，实现物流基本功能的有机整合，从而实现物流过程安全高效、节能环保和低成本的高质量物流服务目标。

物流工程（logistics engineering）是以物流系统为研究对象，综合运用系统工程、管理科学、技术科学等相关理论、技术和方法，对物流系统进行精准预判、科学规划、合理设计和高效运营管理，实现高质量物流服务的一门学科。

物流设施（logistics facilities）是用于物流活动所需的、不可移动的建筑物、构筑物及场所。随着经济社会的不断发展，物流设施的表现形态也随之变化。目前典型的物流设施形态包括物流园区、物流中心、配送中心、货运站场及各种仓库等。不同类型的物流设施的规划设计应当以满足物流功能的业务需求为基本前提,以国家政策法规为导向,进行详细的调研分析,依据相应的技术标准或规范,研究提出合理的物流设施规划设计方案。本章以物流园区、物流中心为例阐述其规划设计的基础知识。

物流设备(logistics equipment)是指物流活动所需的装备及器具的总称。根据物流设备所完成的基本功能,可将物流设备分为运输、配送、储存、装卸搬运、包装、流通加工、信息处理装备及集装器具等。

物流工程研究的主要内容包括:物流设施规划与设计、物流装备选型与设计、物流运行系统设计与运营管理。本书将围绕物流设施规划和物流装备选型设计两大方面展开研究与探讨。本节以物流园区、物流中心为例介绍物流设施规划相关基础知识,以托盘单元化物流系统为主线,阐述标准化集装器具(可循环使用的周转箱、托盘)、货架、叉车、运输车辆等关键物流装备合理选用的基本思路与方法步骤,系统梳理各类物流装备有关的政策法规和标准,重点介绍物流装备的结构类型、使用性能与主要技术参数等专业知识点,在此基础上,在物流设施规划与物流设备选型过程中,采用计算机辅助设计(computer aided design,CAD)软件精确地表达规划方案与产品结构设计方案。

1.2 物流设施规划基础知识

物流设施规划的基本思路是在国家政策、法规的正确指导下,以市场和用户需求为切入点,在广泛深入调研的基础上,精准项目需求,充分论证项目规划建设的必要性与可行性,确定项目的战略定位与发展目标,遵循标准化、系统化、智能化、低碳化的基本原则,研究提出科学合理的项目规划建设总体方案。本节以物流园区和物流中心为例,详细介绍物流设施规划的思路与主要工作内容。

1.2.1 物流园区的规划设计

国家标准《物流园区分类与规划基本要求》(GB/T 21334—2017)规定了物流园区的分类与规划要求,适用于对物流园区的界定及物流园区的规划建设。因此,该标准是物流园区规划设计的基本依据。

1. 物流园区的基本概念

依据 GB/T 21334—2017 中的定义,物流园区(logistics park)是为了实现物流设施集约化和物流运作共同化,按照城市空间合理布局的要求,集中建设并由统一主体管理,为众多企业提供物流基础设施和公共服务的物流产业集聚区。国家标准《物流术语》(GB/T 18354—2021)中对物流园区的定义为:由政府规划并由统一主体管理,为众多企业在此设立配送中心或区域配送中心等,提供专业化物流基础设施和公共服务的物流产业集聚区。

2. 物流园区的类型

根据服务功能对象不同，物流园区可划分为货运服务型、生产服务型、商贸服务型、口岸服务型和综合服务型五大类型。

货运服务型物流园区应符合以下要求。

① 依托空运、水运或陆运节点（枢纽）而规划建设。

② 为大批量货物分拨、转运提供配套设施。

③ 主要服务于区域性物流转运及运输方式的转换。

根据依托对象不同，货运服务型物流园区又细分为空港物流园区、港口物流园区和陆港物流园区三种具体类型。空港物流园区依托机场规划建设，以空运、快运业务为主，实现航空与公路运输货物的高效转运；港口物流园区依托海港或河港规划建设，实现水路、铁路和公路运输货物的高效转运；陆港物流园区依托公路或铁路枢纽规划建设，实现公路与铁路货物的高效转运。

生产服务型物流园区应符合以下要求。

① 依托经济开发区、高新技术园区、工业园区等制造业集聚区而规划建设。

② 为生产企业提供一体化物流服务。

③ 主要服务于生产企业物料供应，产品生产、销售和回收等。

商贸服务型物流园区应符合以下要求。

① 依托各类批发市场、专业市场等商品集散地而规划建设。

② 为商贸流通企业提供一体化物流服务及配套商务服务。

③ 主要服务于商贸流通业商品集散。

口岸服务型物流园区应符合以下要求。

① 依托对外开放的海港、空港、陆港及海关特殊监管区域及场所而规划建设。

② 为国际贸易企业提供国际物流综合服务。

③ 主要服务于进出口货物的报关、报检、仓储，国际采购、分销和配送，国际转口贸易，商品展示等。

综合服务型物流园区是具有以上两种及两种以上服务功能的物流园区。

3. 物流园区规划设计要求

GB/T 21334—2017 规定了物流园区规划的要求，包括总体要求、交通规划要求、配套设施规划要求、信息化规划要求和环境规划要求。

（1）总体要求。

GB/T 21334—2017 第 5.1 条规定物流园区规划的总体要求包括以下四个方面。

① 物流园区规划应符合国家和地方物流产业规划要求。以当地物流需求为导向，编制符合所在地城市总体规划、土地利用规划和交通设施规划的物流园区详细规划。

② 物流园区建设应做好各功能区规划，建设适合物流企业集聚的基础设施及配套设施。

③ 物流园区建设应集约使用土地和发挥规模效益。单个物流园区总用地面积建议不小于 $0.5km^2$，物流运营面积比例应大于 50%。物流园区所配套的行政办公、生活服务设施用地面积占园区总用地面积的比例，货运服务型、生产服务型和口岸服务型应不大于 10%，商贸服务型和综合服务型应不大于 15%。

④ 物流园区配套设施的规划建设应符合国家及所属地相关法律法规规定，应遵循资源优化、布局合理、节能减排的原则，防止重复建设。

（2）交通规划要求。

GB/T 21334—2017 第 5.2 条规定物流园区的交通规划要求如下。

① 物流园区交通连接方式应符合表 1-2 的要求，宜具备多式联运条件。

表 1-2　物流园区交通连接方式

连接方式要求	说明
具备两种以上（含两种）运输方式或毗邻两条以上（含两条）高速公路、国道	（1）物流园区内有铁路装卸线或物流园区与铁路货运场站的距离在 5km 以内，认定物流园区具备铁路运输条件 （2）物流园区内有码头或物流园区与码头的距离在 5km 以内，认定物流园区具备水路运输条件 （3）物流园区与机场距离在 5km 以内，认定物流园区具备航空运输条件 （4）物流园区出入口与高速公路出入口的距离在 5km 以内，认定物流园区具备毗邻高速公路的条件

② 物流园区建设应开展区域交通影响分析与评价，具体内容包括但不限于：

a. 物流园区对周围交通环境的影响；

b. 因物流园区而衍生的交通量对周边交通设施的影响；

c. 物流园区交通需求与路网容纳能力的匹配分析。

③ 应对物流园区的交通规划方案进行评价和检验，根据评价和检验结果，提出减少建设项目对周围道路交通影响的改进方案和措施，保证建设项目内部交通与外部交通的衔接。

④ 物流园区内应建设由主要道路、次要道路和辅助道路构成的道路系统，其主要道路应与城市道路系统规划相衔接。

⑤ 物流园区内应规划并建设有与国家现有的建筑标识系统、设施标识系统、机动车路标系统及步行道标识系统设计相衔接的园区标识系统。

（3）配套设施规划要求。

物流园区配套设施的规划应满足 GB/T 21334—2017 第 5.3 条规定的要求。

（4）信息化规划要求。

GB/T 21334—2017 第 5.4 条规定物流园区的信息化规划要求如下。

① 物流园区应规划建设具有基础通信设施和信息交换、电子服务等基础信息化设施。

② 物流园区应规划建设公共信息平台或接入其他物流公共信息平台，具有对外宣传、电子政务、电子商务、数据统计、辅助决策等增值服务功能。

（5）环境保护规划要求。

GB/T 21334—2017 第 5.5 条规定物流园区的环境保护规划要求如下。

① 物流园区规划与建设应考虑绿色环保和节能要求，符合环境保护和环境评价等相关国家法律法规的要求，并进行环境影响评价。

② 物流园区应规划建设环卫设施，建立与其规模相适应的环境保护和监管系统。

1.2.2　物流中心的规划设计

国家标准《物流中心分类与规划基本要求》（GB/T 24358—2019）规定了物流中心分类、总体规划要求，以及仓库、道路、堆场、停车场、铁路专用线、专用码头、信息化平台等设施的规划要求。该标准是物流中心规划设计的基本依据。

1. 物流中心的基本概念

依据 GB/T 24358—2019 中的定义，物流中心（logistics center）是从事物流活动且具有完善信息网络的场所或组织。应基本符合下列要求。

① 主要面向社会提供公共物流服务。

② 物流功能健全。

③ 集聚辐射范围大。

④ 存储、吞吐能力强。

⑤ 对下游配送中心客户提供物流服务。

国家标准《物流术语》（GB/T 18354—2021）对物流中心的概念进行了修订，将其定义为：物流中心是具有完善的物流设施及信息网络，可便捷地连接外部交通运输网络，物流功能健全，集聚辐射范围大，存储、吞吐能力强，为客户提供专业化公共物流服务的场所。

2. 物流中心的类型

物流中心可按以下三种方式进行分类：一是按服务对象可分为自用型和公共型物流中心两大类；二是按物流中心服务的货物属性可分为专业型和通用型物流中心两大类；三是按服务功能可分为仓储型和集散型物流中心两大类。

3. 物流中心规划设计要求

GB/T 24358—2019 规定了物流中心规划的总体要求，以及配套基础设施、仓库、内部道路、堆场、停车场、铁路专用线、专用码头、信息化设施的规划要求。

（1）总体要求。

GB/T 24358—2019 第 5 部分规定物流中心规划的总体要求如下。

① 应符合国家或地方物流产业发展规划、土地利用总体规划、城市规划的总体要求，

应将物流中心纳入地方基础设施规划。

② 应进行可行性评估,包括环境、交通、市场供求、功能定位、网络布局、进度、投资回报分析等主要内容,应符合国家土地管理、规划、消防、安全、质检、环保等方面的法律、法规、规章及有关规定。

③ 应进行安全评价,主要评价地质结构、地形地貌、洪水、消防、污染源等不安全因素对物流中心可能造成的影响。

④ 物流中心占地面积不宜低于 $0.1km^2$。

⑤ 物流中心功能区一般包括作业区、行政办公及生活服务区等,作业区应与行政办公及生活服务区分开设置。不同类型的物流中心可根据进出货物的类型、流动频率建设相应的功能区、合理设置功能区的布局,保障其主要功能的顺利实现并实现货物的有序流动和资源的优化配置,但配套的行政办公及生活服务设施总用地面积不应超过物流中心总用地面积的 10%。行政办公及生活服务设施占地面积比例按式(1-1)计算。

$$R = \frac{A_x}{A_t} \times 100\% \quad (1-1)$$

式中:R——行政办公及生活服务设施占地面积比例;

A_x——行政办公及生活服务设施占地面积(m^2);

A_t——物流中心总用地面积(m^2)。

⑥ 物流中心容积率应不低于 0.6,容积率按式(1-2)计算,其中,建筑物层高超过 8m 的,计算容积率时该层建筑面积加倍计算。

$$PR = \frac{A_c}{A_t} \quad (1-2)$$

式中:PR——物流中心的容积率;

A_c——物流中心用地范围内总建筑面积(m^2);

A_t——物流中心总用地面积(m^2)。

⑦ 物流中心的建筑密度应不低于 40%。建筑密度是物流中心用地范围内各种建筑物、用于生产和直接为生产服务的构筑物、堆场的占地面积之和占总用地面积的比例,按式(1-3)计算。

$$BD = \frac{A_b + A_d + A_y}{A_t} \times 100\% \quad (1-3)$$

式中:BD——建筑密度;

A_b——建筑物占地面积(m^2);

A_d——构筑物占地面积(m^2);

A_y——堆场用地面积(m^2);

A_t——物流中心总用地面积(m^2)。

⑧ 物流中心规划应符合绿色发展理念，倡导节地、节水、节电；宜建设废弃物回收设施。

（2）配套基础设施规划要求。

对于物流中心内部的配套基础设施，GB/T 24358—2019 在第 6.1 条做出了具体规定，基本要求如下。

① 物流中心应规划与之规模相适应且与城市基础设施相衔接的电力、通信和给排水等工程设施。

② 物流中心应统一规划消防、抗震、防洪除涝等安全设施。消防设施工程应由具有消防工程施工资质的单位建设，各类建筑的设计应符合国家标准《建筑设计防火规范（2018 年版）》（GB 50016—2014）的要求；物流中心内各种防洪除涝设施的规划应符合国家及所属地的相关规定。

③ 物流中心应规划库房、内部道路、信息化设施等主要设施，不同类型的物流中心可根据实际需要选择建设堆场、停车场、铁路专用线和码头等设施。

④ 专业型物流中心设施规划应满足特定货物运输、仓储、装卸等物流作业的需要，并符合国家相关法律法规及标准规定。

（3）仓库规划要求。

GB/T 24358—2019 第 6.2 条规定物流中心仓库的规划要求如下。

① 应结合投资规模、库房容积率、面积利用率、货物类型、包装方式、作业流程、作业频率、货架类型、作业机械及地面荷载等因素进行库房的规划设计。通用仓库的规划设计应满足国家标准《通用仓库及库区规划设计参数》（GB/T 28581—2021）的要求，该标准规定了通用仓库及库区规划设计中对库区布局规划、仓库设计、相关设施设备、库区标志及标线、信息化规划设计、绿色仓库建设方面的要求。专用仓库（如冷库、危险品仓库等）应根据储存物品属性要求，严格按相应标准规范进行规划设计，如冷库设计应符合国家标准《冷库设计标准》（GB 50072—2021）的要求。

② 仓库应具备消防、抗风、抗雪、防雨、防雷和防盗等功能，并根据需要安装必要的监控设施。仓库消防设施应严格按照 GB 50016—2014 要求进行设计。

③ 仓库内道路应在充分考虑装卸搬运设备安全和高效运行的前提下尽量减少占地面积，以提高仓库面积利用率。

④ 根据需要配备固定的或移动的装卸货设施，如仓库固定式装卸平台或可移动式装卸设备。

⑤ 仓库总面积的确定应综合考虑仓库等级、仓库的结构类型、仓库功能、作业流程、储存货物种类、存货量、储存方式、货物周转速度和消防要求等因素。依据国家标准《通用仓库等级》（GB/T 21072—2021），通用仓库根据其设施设备条件、运营管理水平、信息化水平和人员素质可划分为一星、二星、三星、四星、五星五个等级，一星等级最低，五星等级最高。例如，五星级仓库的基本要求是仓库总建筑面积 $\geq 10000 m^2$，立体库（指

有装卸站台、净高大于9m或能安装高度7m以上货架的仓库）比例≥50%，配置装卸站台，装卸站台设有登车桥和防雨棚。

仓库的建筑面积S_T按式（1-4）计算。

$$S_T = \frac{Q \cdot T \cdot k}{T_0 \cdot \alpha \cdot q} \tag{1-4}$$

式中：S_T——仓库的建筑面积（m^2）；

Q——年入库总量或年出库总量（t）；

T——库存周转天数（天）；

k——库存不平衡系数，即日最大货物堆存量与日平均货物堆存量之比；

T_0——年营业天数（天）；

α——面积利用率；

q——货物的储存定额，即单位有效面积上能够储存货物的最大质量（t/m^2）；

仓库总面积确定后，应按照 GB 50016—2014 第 3.3 条的规定，结合货物类型、堆码方式、布置方式及作业要求等确定防火分区。

⑥ 库房库门的尺寸。库门净宽与净高应综合考虑装卸站台类型、高峰时货物吞吐量、进出库装卸机械与运输车辆的型号规格、作业方式、货物类别与包装尺寸等因素进行确定。通用性库门净宽不小于 3.6m，净高不小于 4.3m；有铁路运输车辆进出的库门净宽不小于 4.2m，净高不小于 5m。

⑦ 库房净高。库房净高是从库房地面至库房顶部悬挂物最低点之间的垂直距离。库房的净高应根据库房容积率、储存货物类别、货物堆码方式、库内搬运机械类型、天然采光及通风等因素确定。单层库房净高不宜小于 9m，GB/T 28581—2021 第 5.2.4 条规定，货架区域从仓库地面至库房顶梁下的净高不宜小于 10.5m。分拨型库房的净高可以适当降低。

⑧ 库房跨度和柱距。库房跨度是沿库房平面横轴方向两排柱子或两片承重墙轴线之间的距离。库房柱距是沿库房平面纵轴方向两根柱子轴线之间的距离。跨度和柱距设计时，应综合考虑库房造价、库房功能和内部平面布局、库门位置等确定。库房跨度不宜小于 18m，GB/T 28581—2021 规定库房跨度宜为 20~30m，单层库柱距宜为 9~12m，柱间支撑不应对设备安装及库内作业通道造成障碍。

⑨ 库房间距。库房与库房之间应设置车辆停放区、装卸区及车行道。库房单边作业时，库房间距不宜小于 30m，两相邻库房对向作业时，库房间距不宜小于 45m。分拨型库房的库房间距可以根据运输车辆类型适当减小。

（4）内部道路规划要求。

GB/T 24358—2019 第 6.3 条规定物流中心内部道路的规划要求如下。

① 应满足车辆出入及安全行驶的需要，并符合国家道路规划设计标准，宜满足进出物流中心的主要车型车辆的作业需要，特殊产品类的专业型物流中心应满足特殊车型车辆的通行要求。

根据国家标准《物流设施设备的选用参数要求》(GB/T 39660—2020),物流设施内部道路路面宽度应综合考虑物流设施面积大小、行车速度限制、货运量大小、货物种类、装卸机械类型、车辆类型及道路类型等因素确定。车道走向及宽度应满足消防、作业安全与行驶安全的要求,单车道宽度不应小于4m,双车道宽度不应小于7.5m,车道转弯处应适当加宽。物流节点内道路的最小转弯半径应根据通行车辆载重与车辆最大长度等因素确定,不应小于9m;有集装箱运输拖挂车通过的道路最小转弯半径不应小于16m。

② 货物运输道路宜与生活工作道路分开。

③ 在物流中心内部道路上方架设管线或其他设施时,其离地面高度不应低于5m。

(5) 堆场规划要求。

GB/T 24358—2019 第6.4条规定物流中心内设堆场的规划要求如下。

① 根据货物属性、存放方式和作业需要选择规划堆场。

② 应方便货物进出、装卸等作业,并设置醒目的标志标线。

③ 荷载应符合国家标准《建筑结构荷载规范》(GB 50009—2012)的规定,邻近港口的集装箱堆场可参照行业标准《港口道路与堆场施工规范》(JTS/T 216—2021)进行规划设计。

GB/T 39660—2020 第7部分对堆场参数的规定,堆场内的运输通道和作业通道宽度应根据运输车辆和装卸机械的通行和作业要求确定。运输通道单车道宽度不应小于3.5m;堆场采用集装箱正面吊运叉车、集装箱堆垛叉车等进行装卸作业时,作业通道宽度不应小于15m,采用集装箱跨运车作业时,两排集装箱之间应留出跨运车支腿行走通道,其宽度宜为1.5m,集装箱堆场两相邻箱位边缘间的距离不应小于0.3m。集装箱堆场常用的装卸机械如图1-2所示。

(a) 集装箱正面吊运叉车　　　　　　　　(b) 集装箱堆垛叉车

图1-2　集装箱堆场常用的装卸机械

（6）停车场规划要求。

GB/T 24358—2019 第 6.5 条规定物流中心停车场的规划要求如下。

① 不同类型的物流中心可根据需要规划车辆停车场。

② 应方便货物的装卸作业。

③ 应满足进出的主要车型车辆的停放要求。

（7）铁路专用线规划要求。

GB/T 24358—2019 第 6.6 条规定物流中心内设铁路专用线的规划要求如下。

① 可根据实际需要且在行政上许可、技术经济上合理时建设铁路专用线。

② 与铁路干线的衔接应符合相关规定，且应与中心内道路进行合理衔接。

③ 铁路专用线的规划应符合国家有关技术规定，铁路装卸线的有效长度应根据物流中心位置条件及预计最大日装卸车数确定。根据 GB/T 39660—2020，铁路装卸线的有效长度应根据铁路年货运量、装卸机械类型、平面布置形式、车辆平均静载重、单位面积堆货量、货物占用货位时间、货位排数、每排货位宽度和每天取送车次数等因素确定。铁路装卸线有效长度宜与铁路装卸线旁库房、堆场、站台长度相匹配，其可按式（1-5）计算，具有到发作业功能的铁路装卸线有效长度宜选用 1050m、850m、750m 或 650m。

$$L_1 = \frac{Q \cdot \alpha \cdot l}{T \cdot q \cdot c} \tag{1-5}$$

式中：L_1——铁路装卸线有效长度（m/条）；

Q——铁路装卸线年铁路货运量（t/年）；

α——不均衡系数，一般取 1~1.5；

l——铁路车辆全长（m/车）；

T——铁路装卸线年平均作业天数（天）；

q——平均每节铁路车辆载重量（t/车）；

c——日均铁路取送车次数。

④ 根据 GB/T 39660—2020，铁路装卸线的布置形式：铁路装卸线与装卸站台宜采用"一台一线"的布置形式；货运量较大时可采用"两台夹一线""三台夹两线"等布置形式。铁路装卸线宜分束平行布置，每束宜设 1~2 条装卸线。

⑤ 根据 GB/T 39660—2020，铁路装卸线的安全距离：铁路装卸线侧面设置装卸站台时，装卸线中心距装卸站台边缘的距离应为 1.75m；铁路装卸线侧面不设置装卸站台时，运输通道边缘或货位边缘距装卸线中心的距离不应小于 2.5m。

⑥ 铁路装卸线间距：铁路装卸线间距不应小于 4.2m；有接发车条件的铁路装卸线间距不应小于 5m；有列检作业的铁路装卸线间距不应小于 5.5m。

（8）专用码头规划要求。

物流中心可根据情况规划专用码头。GB/T 24358—2019 第 6.7 条规定物流中心专用码头的规划要求如下。

① 物流中心具备通航和修建码头条件且技术经济上合理可行，可建专用码头或泊位。

② 专用码头形式、泊位和作业区面积应根据货物预计吞吐量、航道情况等确定。

（9）装卸站台与配套设施规划要求。

根据 GB/T 28581—2021，装卸站台是用于车辆装卸货物，与地面存在一定高度差的设施。装卸站台的配套设施包括高度调节板和防雨棚，如图 1-3 所示。装卸站台的基本尺寸参数包括站台宽度和高度。

装卸站台的宽度应综合考虑装卸机械的结构类型、最小转弯半径、装卸搬运效率、托盘尺寸及高度调节板升降幅度等因素确定。GB/T 28581—2021 规定，装卸站台的宽度不小于 4.5m，一般情况下，装卸站台宽度采用 6m 较为合理。在物流中心内设铁路专用线时，铁路通用装卸站台边缘顶面至轨面的高度宜为 0.95~1.1m。铁路通用装卸站台高度如图 1-4 中的 H_1 所示。通用仓库装卸站台高度如图 1-5 中的 H_2 所示。

高度调节板是为了装卸机械能够方便进出进行装卸作业，在装卸站台上设置的搭接装置。高度调节板用于弥补装卸站台上平面与车厢底平面之间的高度差，高度调节板的升降幅度宜为 ±0.3m。

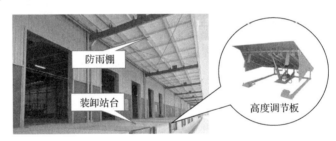

图 1-3 装卸站台及配套设施

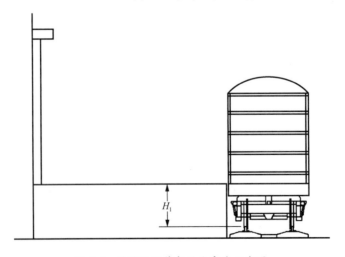

图 1-4 铁路通用装卸站台高度示意图

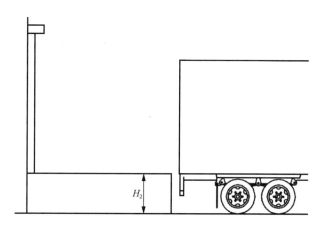

图 1-5　通用仓库装卸站台高度示意图

防雨棚的整体宽度应根据装卸站台宽度、车辆类型等因素确定。从库房外墙到防雨棚外沿的整体宽度不宜大于 10m。防雨棚有效宽度是指防雨棚突出装卸站台边缘的长度，有效宽度不宜小于 2m。防雨棚的高度应根据装卸站台高度、作业机械和运输车辆高度等因素确定，距地面净高不宜小于 5m。

（10）信息化设施规划要求。

GB/T 24358—2019 第 6.8 条规定物流中心信息化设施的规划要求如下。

① 应具备满足客户和合作企业信息交互需求，以及政府有关部门监管要求的对外信息服务平台。

② 应具备与内部作业需求相适应的信息化设施。

③ 宜根据智慧物流发展的相关要求开展信息化设施的建设。

1.3　物流装备的合理选型

一般情况下，在进行物流设施项目的规划设计时，要同时考虑物流装备的合理选型问题。物流装备的合理选型应充分考虑设备的使用环境，以设备使用效能的最大化为目标，遵循标准化、系统化、低碳化、安全可靠的基本原则，合理确定物流装备的结构类型、使用性能与技术参数。

根据物流的基本功能划分，物流装备可分为运输、配送、储存、装卸搬运、包装（集装器具）、流通加工和信息化等类型。

在标准化基础上构建单元化物流系统是提高物流效率、降低物流成本的基本技术手段。本书后续章节将以构建果蔬冷链物流系统为主线，对其关键技术装备的合理选型进行详细阐述，果蔬冷链物流系统关键技术装备构成如图 1-6 所示。本书第 8～11 章，从系统化、低碳化角度，专门针对集装器具、冷藏货架、叉车、冷藏车等合理选型的基本思路、工作内容等进行详细讲述；第 12 章以物流园区规划设计为本书的综合实训案例，阐述其规划设计方案，并应用 CAD 技术精确地表达物流装备的合理选型及物流设施规划设计方案。

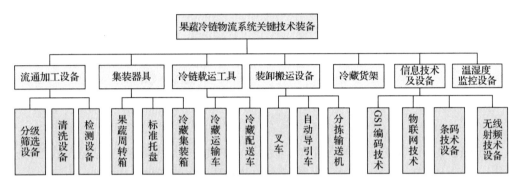

图 1-6　果蔬冷链物流系统关键技术装备构成

本章小结

物流工程研究的主要内容包括：物流设施规划与设计；物流装备选型与设计；物流运行系统设计与运营管理。典型的物流设施包括物流园区、物流中心、配送中心、货运站场及各种仓库等。不同类型的物流设施，其规划设计应当以满足当地物流业务需求为前提，以国家政策法规为导向，进行详细的调研分析，依据相应的技术标准或规范，研究提出合理的物流设施规划设计方案。在方案中，应配套考虑物流装备的合理选用问题。本章以物流园区、物流中心为例介绍物流设施规划相关基础知识，提出果蔬冷链物流系统关键技术装备体系，为后续学习奠定基础。

本章习题

1. 什么是物流工程？物流工程的主要研究内容是什么？
2. 什么是物流设施？举例说明目前社会上常见的典型物流设施类型。
3. 什么是物流设备？典型的物流技术装备有哪些？
4. 什么是物流园区？物流园区有哪些类型？物流园区规划有哪些要求？

5. 什么是物流中心？物流中心有哪些类型？物流中心规划有哪些要求？

6. 库房的主要技术参数有哪些？如何选择？说明这些参数选择的依据。

7. 什么是装卸站台？装卸站台的尺寸参数如何确定？其配套设施防雨棚和高度调节板如何选择？

8. 请根据本章所学知识，认真思考并回答本章导入案例中提出的问题。

第 2 章
工程制图基础知识

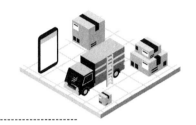

【教学目标】

（1）掌握物流工程制图的基本概念。
（2）掌握物流工程制图的标准和要求。
（3）掌握投影法的基本原理。
（4）掌握平面图形尺寸的分析方法与绘图步骤。

工程图构成要素及标准

【导入案例】

工程图样是工程技术人员用来表达设计意图、交流设计思想、组织施工和生产的重要技术文件。一幅完整的工程图样应包括工程图、尺寸标注、图框、标题栏、明细栏和技术要求等基本构成要素，如图 2-1 所示。为了统一对工程图样的认识，保证工程图样规格统一，图面简洁清晰，便于工程人员进行技术交流，我国专门制定标准对工程图样的画法、图纸幅面与

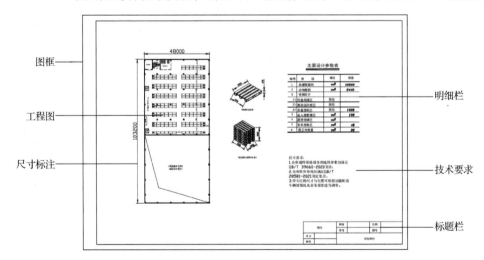

图 2-1　工程图样的基本构成要素示例

格式、标题栏、文字样式与大小、线型、尺寸标注等进行了具体规定,这是工程技术人员应当熟悉并掌握的基本知识和基本技能。本章主要介绍绘制工程图样时必须遵守的标准规范及投影法与视图的基础知识。

2.1 图纸幅面与格式

2.1.1 图纸幅面

图纸幅面是指工程图纸的尺寸大小。国家标准《技术制图 图纸幅面和格式》(GB/T 14689—2008)规定了图纸的幅面尺寸和格式,以及有关的附加符号。为便于装订和管理,工程图纸具有特定的幅面规格,同一幅面尺寸又有横装和竖装两种图纸摆放方式。GB/T 14689—2008 规定的图纸幅面规格如表 2-1~表 2-3 所示。其中,B 代表图纸幅面的短边,L 代表图纸幅面的长边。

表 2-1 基本幅面(第一选择)　　　　　　　　　　　　单位:mm

幅面代号	A0	A1	A2	A3	A4
尺寸($B\times L$)	841×1189	594×841	420×594	297×420	210×297

表 2-2 加长幅面(第二选择)　　　　　　　　　　　　单位:mm

幅面代号	A3×3	A3×4	A4×3	A4×4	A4×5
尺寸($B\times L$)	420×891	420×1189	297×630	297×841	297×1051

表 2-3 加长幅面(第三选择)　　　　　　　　　　　　单位:mm

幅面代号	A0×2	A0×3	A1×3	A1×4	A2×3	A2×4	A2×5
尺寸($B\times L$)	1189×1682	1189×2523	841×1783	841×2378	594×1261	594×1682	594×2102
幅面代号	A3×5	A3×6	A3×7	A4×6	A4×7	A4×8	A4×9
尺寸($B\times L$)	420×1486	420×1783	420×2080	297×1261	297×1471	297×1682	297×1892

在绘制技术图样时,应优先采用表 2-1 所示的基本幅面,必要时也可选用表 2-2 和表 2-3 所示的加长幅面。

2.1.2 图框格式与尺寸

图框(border)是图纸上限定绘图区域的线框,图框分留装订边和不留装订边两种格式。留装订边的图框格式如图 2-2 所示，不留装订边的图框格式如图 2-3 所示。

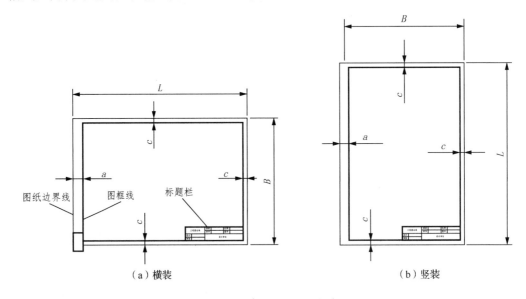

图 2-2　留装订边的图框格式

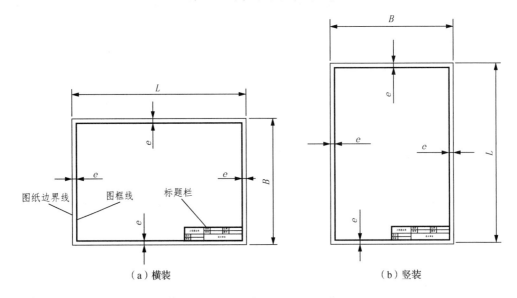

图 2-3　不留装订边的图框格式

基本幅面的图框尺寸如表 2-4 所示。加长幅面的图框尺寸，按所选用的基本幅面大一号的图框尺寸确定。例如，A2×3 图纸的图框尺寸应按 A1 图纸的图框尺寸确定，即 A2×3 图纸的图框尺寸 a 为 25mm、c 为 10mm、e 为 20mm；A3×4 图纸的图框尺寸按 A2 图纸的图框尺寸确定，即 A3×4 图纸的图框尺寸 a 为 25mm、c 为 10mm、e 为 10mm。

表 2-4　基本幅面的图框尺寸　　　　　　　　单位：mm

幅面代号	A0	A1	A2	A3	A4
尺寸（B×L）	841×1189	594×841	420×594	297×420	210×297
a	25				
c	10			5	
e	20			10	

2.1.3 标题栏与明细栏

1. 标题栏

标题栏（title block）的内容主要是关于图纸的基本信息，如图名、设计单位、绘图时间等。国家标准《技术制图 标题栏》（GB/T 10609.1—2008）规定了技术图样中标题栏的基本要求、内容、尺寸与格式。

对标题栏的基本要求如下。

（1）每张工程图纸上都应配置标题栏。

（2）标题栏应位于图纸图框的右下角。

（3）标题栏中的字体应符合国家标准《技术制图 字体》（GB/T 14691—1993）的规定（签字除外）。

（4）标题栏的线型应按国家标准《技术制图 图线》（GB/T 17450—1998）中规定的粗实线和细实线的要求绘制。

（5）标题栏中的年月日应按国家标准《数据元和交换格式 信息交换 日期和时间表示法》（GB/T 7408—2005）的规定格式填写。完整表达方式为 YYYYMMDD 即 4 位年、2 位月和 2 位日，如 2022 年 1 月 22 日表示为 20220122。

标题栏一般由更改区、签字区、其他区、名称及代号区组成，标题栏的布局有两种方式，其布局和尺寸如图 2-4 所示。更改区一般由标记、处数、分区、更改文件号、签名和年月日等组成；签字区一般由设计、审核、工艺、标准化、批准、签名和年月日等组成；其他区一般由材料标记、阶段标记、质量、比例和共×张第×张等组成；名称及代号区一般由单位名称、图样名称、图样代号和投影符号等组成。GB/T 10609.1—2008 给出了标准格式的标题栏示例，如图 2-5 所示。标题栏可根据实际需要简化，如图 2-6 所示。

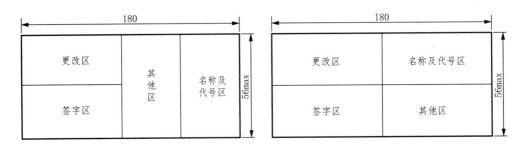

图 2-4 标题栏的布局和尺寸

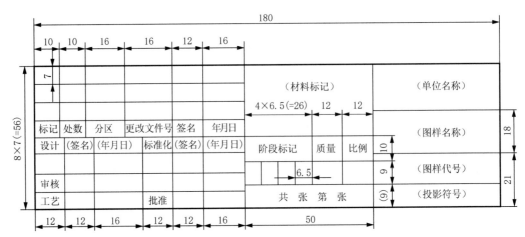

图 2-5 标准格式的标题栏示例

图 2-6 简化格式的标题栏示例

2. 明细栏

当一张图样由多个部分组成时，可以用明细栏标识其整体结构组成。例如，物流园区规划方案图中的明细栏可由序号、功能区名称、面积、备注等内容组成。国家标准《技术制图 明细栏》（GB/T 10609.2—2009）规定了技术图样中明细栏的基本要求、内容、尺寸与格式，需要时参照此标准执行。

2.1.4 图线

图线、字体和比例是绘图的重要部分。图线是图中所采用的各种形式的线，是起点和终点间以任意方式连接的一种几何图形，图线形状可以是直线或曲线、连续线或不连续线。各种不同的图线在图形中有不同的规定和用法，正确地使用图线和字体能方便读者对所绘制的图形内容快速、精确地解读。GB/T 17450—1998 规定了图线的名称、线型、结构、标记及画法规则，该标准规定了 15 种基本线型，常用的 6 种线型及应用场合如表 2-5 所示，包括实线、虚线、点画线、双点画线等。各种线型的标准线宽为 0.13mm、0.18mm、0.25mm、0.35mm、0.5mm、0.7mm、1mm、1.4mm、2mm。在同一图样中，同类图线的宽度应一致，粗线和细线的宽度比例为 2∶1。在绘制工程图样时，所采用的线型及应用场合应参考 GB/T 17450—1998 和国家标准《机械制图 图样画法 图线》（GB/T 4457.4—2002）的规定正确使用。

表 2-5 常用的 6 种线型及应用场合

线型名称	应用场合
细实线	尺寸线、尺寸界线、指引线和基准线、平面的对角线、范围线及边界线
粗实线	可见轮廓线、表格和流程图中的主要表示线
细虚线	不可见轮廓线
细点画线	中心线、对称线
粗点画线	剖切平面线
细双点画线	重心线、特定区域线、中断线

2.1.5 字体

对工程图样中的字体必须做到：字体工整、笔画清楚、间隔均匀、排列整齐。GB/T 14691—1993 规定了汉字、字母和数字的结构形式与基本尺寸，具体要求如下。

（1）字号，表示字体高度，用 h 表示。h 的系列有 1.8mm、2.5mm、3.5mm、5mm、7mm、10mm、14mm、20mm。如需要更大的字，其字体高度应按 $\sqrt{2}$ 的倍数递增。

（2）汉字选用长仿宋字体，汉字的高度 h 不应小于 3.5mm，字宽一般为 $h/\sqrt{2}$，即字宽约为 $0.7h$。

（3）字母和数字分 A 型和 B 型两种字体。A 型字体的笔画宽度（d）为字高（h）的 1/14，B 型字体的笔画宽度（d）为字高（h）的 1/10。在同一图样中只允许选用一种字体。

（4）字母和数字可写成斜体和直体。斜体字字头向右倾斜，与水平基准线呈 75°。

（5）字号与幅面的大小关系如表 2-6 所示。

表 2-6 字号与幅面的大小关系

幅面代号	A0	A1	A2	A3	A4
字母、数字、字号	5mm、3.5mm		3.5mm		
汉字、字号	20mm、14mm、10mm、7mm、5mm			3.5mm、2.5mm、1.8mm	

（6）汉字、字母和数字组合书写时，其排列格式和间距详见 GB/T 14691—1993 的规定。

2.1.6 尺寸标注

在工程图样中，尺寸标注用于标识物体结构形状的大小及相互位置。国家标准《机械制图 尺寸注法》（GB/T 4458.4—2003）规定了在图样中标注尺寸的基本方法。《技术制图 简化表示法 第 2 部分：尺寸注法》（GB/T 16675.2—2012）规定了技术图样中的简化尺寸标注方法。在绘制物流工程技术图样时，应参考上述两个标准的规定进行尺寸标注。

1. 尺寸标注的基本规则

根据 GB/T 4458.4—2003，尺寸标注的基本规则如下。

（1）物体的真实大小以图样上所注的尺寸数值为依据，与图形的大小及绘图的准确度无关。

（2）图样中（包括技术要求和其他说明）的尺寸，以毫米为单位时，不需标注单位符号（或名称），如采用其他单位，则应注明相应的单位符号。

（3）图样中所标注的尺寸为该图样所示物体的最后完工尺寸，否则应另加说明。

（4）物体的每一尺寸一般只标注一次，并应标注在反映该结构最清晰的图形上。

2. 尺寸标注的结构组成

一个完整的尺寸标注由四部分构成，即尺寸界线、尺寸线、尺寸箭头与尺寸文本，如 A4 图纸的尺寸标注如图 2-7 所示。

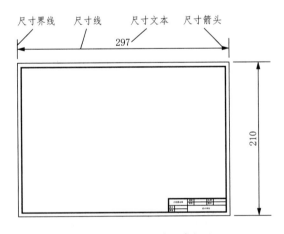

图 2-7 A4 图纸的尺寸标注

尺寸界线表示所标注尺寸的起始和终止位置，用细实线绘制，应从图形的轮廓线、轴线或对称中心线处引出，也可以利用轮廓线、轴线或对称中心线等作为尺寸界线。尺寸界线应超出尺寸线约 2～5mm。尺寸界线一般应与尺寸线垂直，必要时才允许倾斜。

尺寸线用细实线绘制。标注线性尺寸时，尺寸线必须与所标注的线段平行。相同方向的各尺寸线之间的距离要均匀，间隔应大于 5mm。尺寸线的终端可以用箭头或斜线两种形式。

尺寸数字表示物体的实际大小。线性尺寸（指两点之间的距离，如长度、宽度、高度、直径、半径等）的数字一般应标注在尺寸线的上方，也允许注写在尺寸线的中断处。但同一张图样上的标注方法应一致，且要求数字的字号应一致。尺寸数字的注写方向应以标题栏或看图方向符号为准，水平尺寸数字字头朝上写在尺寸线上方，竖直尺寸数字字头朝左写在尺寸线左方。标准规定尺寸数字一般应按如图 2-8 所示的方向标注，并尽可能避免在图示 30°范围内标注尺寸，当无法避免时可按图 2-9 所示的形式标注。对于非水平方向的尺寸，其数字可水平地注写在尺寸线的中断处，如图 2-10 所示。角度数字一律写成水平方向，一般注写在尺寸线的中断处，如图 2-11（a）所示，必要时也可按如图 2-11（b）所示的形式标注。另外，尺寸数字不可以被任何图线通过，否则应将该图线断开。

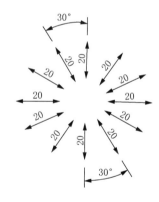

图 2-8　尺寸数字的标注方向

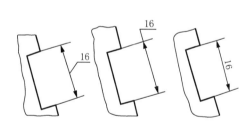

图 2-9　向左倾斜 30°范围内的尺寸数字的标注

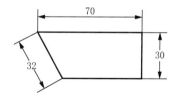

图 2-10　非水平方向的尺寸标注

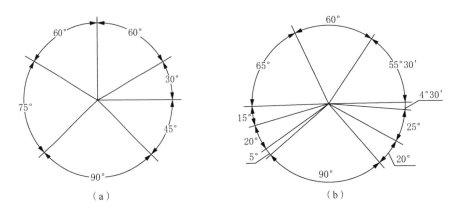

图 2-11 角度数字的标注

初学者标注尺寸时常见的正确及错误标注示例如图 2-12 所示。图 2-12（a）为正确的标注方式，图 2-12（b）为错误的标注方式。

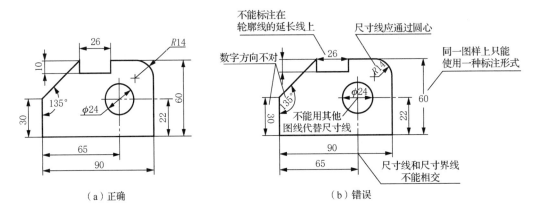

图 2-12 标注尺寸时常见的正确及错误标注示例

2.1.7 绘图比例

绘制图样时应根据图纸幅面和实体尺寸大小确定合适的绘图比例。绘图比例是图样中图形尺寸与相应的实体实际线性尺寸之比。国家标准《技术制图 比例》（GB/T 14690—1993）规定了绘图比例及其标注方法。常用的绘图比例如表 2-7 所示。

表 2-7 常用的绘图比例

种类	比例		
原值比例	1∶1		
放大比例	5∶1 或 5×10^n∶1	2∶1 或 2×10^n∶1	1×10^n∶1
缩小比例	1∶2 或 1∶2×10^n	1∶5 或 1∶5×10^n	1∶10 或 1∶10×10^n

注：n 为正整数。

2.2 投影与视图的基础知识

我国国家标准《技术制图 投影法》(GB/T 14692—2008)规定了投影法的基本规则,工程技术图样通常用正投影法绘制,常用基本视图来表示。另外,国家标准《技术制图 图样画法 视图》(GB/T 17451—1998)规定了视图的基本表示法。

2.2.1 投影的基本概念

在日常生活中,可以看到阳光或灯光下的形体在地面或墙面上投射的影子,如图 2-13 所示。阳光或灯光称为光源,光线称为投射线,投落影子的地面或墙面称为投影面,这种在地面或墙面上形成的影子称为投影。因此,投影是指通过光源和形体的一系列投射线与投影面交点的集合。将这种研究空间形体与其投影之间关系的方法称为投影法。

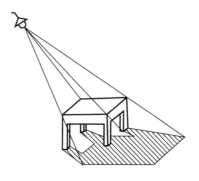

图 2-13 投影示意图

2.2.2 投影法的基本原理

投影法分为中心投影法和平行投影法两大类。中心投影法原理如图 2-14 所示,光线由光源发出,投影随光源与形体之间的相对位置而变化,光源与形体距离越近,形体的投影越大,因此投影的大小并不能反映形体的真实大小。

平行投影法可理解为光源在无限远处,投射线相互平行,投影大小与形体到光源的距离无关。平行投影法又可根据投射线与投影面之间的方向与角度不同分为斜投影法与正投影法。斜投影法是指投射线相互平行但与投影面不垂直的投影方法,如图 2-15(a)所示。正投影法是指投射线相互平行且与投影面垂直的投影方法,如图 2-15(b)所示。用正投影法得到的投影称为正投影。这种方法能够比较直观地反映形体的基本情况,所以被工程制图广泛采用。

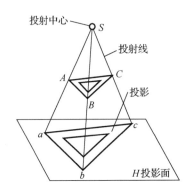

图 2-14 中心投影法原理

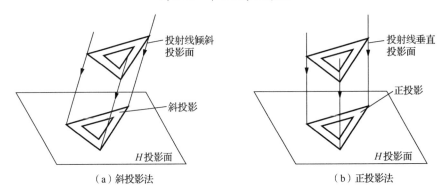

（a）斜投影法　　　　　　　　　　　（b）正投影法

图 2-15 平行投影法原理

2.2.3 点、线、面的正投影规律

任何图形都是由点、线、面组成的。若要正确表达或分析物体的形体，应了解点、直线和平面的正投影关系及其规律，以便更好地理解投影图的内在联系。

1. 点的正投影规律

点的正投影如图 2-16 所示。由空间点 A 作垂直于平面 P 的投射线，在投影面上得到的正投影是点 a。无论投射线从哪个方向进行投射，点的投影永远是一个点。

2. 直线的正投影规律

直线的正投影如图 2-17 所示。若将线段 AB 平行于投影面放置，从线段 AB 的正上方进行投影，得到的投影是线段 ab，且与线段 AB 等长，即反映了线段 AB 的实际长度，如图 2-17（a）所示。若将线段 AB 垂直于投影面放置，从上方进行投影，得到的投影是一个点，即线段 AB 垂直于投影面，线段 AB 上各点的投影均积聚为一点，如图 2-17（b）所示。

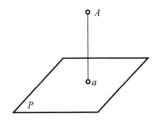

图 2-16 点的正投影

若将线段 AB 倾斜于投影面放置，仍然从上方进行投影，得到的投影线段 ab 短于线段 AB 的实际长度，如图 2-17（c）所示。另外，线段 AB 无论怎样放置，线段 AB 上任意一点 C 的投影都落在投影线段 ab 上。

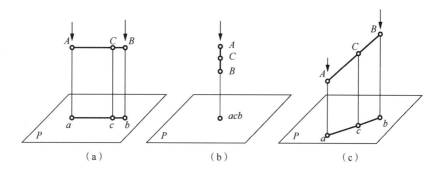

图 2-17　直线的正投影

综上所述，得出直线的正投影规律如下。
① 直线与投影面平行时，其正投影是直线且反映实际长度。
② 直线与投影面垂直时，其正投影为一点。
③ 直线与投影面倾斜时，其正投影仍是直线，但投影线段长度短于实际线段长度。
④ 直线上某一点的投影，必定落在此直线的投影线段上。

3. 平面的正投影规律

平面的正投影如图 2-18 所示。若将矩形 ABCD 平行于投影面放置，从正上方投影得到的投影是矩形 abcd，其大小与矩形 ABCD 完全相等，投影反映了矩形 ABCD 的实际形状和大小，如图 2-18（a）所示。若将矩形 ABCD 垂直于投影面放置，从正上方进行投影，由于投影方向与矩形 ABCD 的放置方向一致，因此矩形 ABCD 在投影面上的投影是一条线段，如图 2-18（b）所示。若将矩形 ABCD 与投影面成一定角度倾斜放置时，仍然从正上方进行投影，其投影是通过矩形 ABCD 的轮廓线上各点的投射线与投影面相交得到的图形 abcd，图形 abcd 仍为矩形，但面积缩小了，如图 2-18（c）所示。

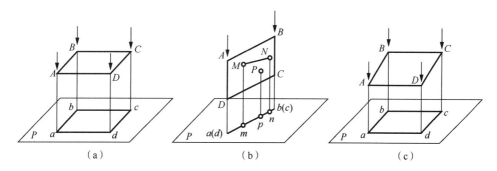

图 2-18　平面的正投影

2.2.4 投影视图及表示方法

通过投影法得到投影的面称为投影面,通过投影法在投影面上得到的图称为投影图,也称为视图。请观察如图 2-19 所示的视图,三个不同的形体在同一投影面 H 上进行投影所得到的正投影图是相同的,即用一个视图往往不能客观地反映形体的真实情况,因此,通常用三视图表示形体真实的形状和大小。三视图分别为主视图、俯视图和侧视图。

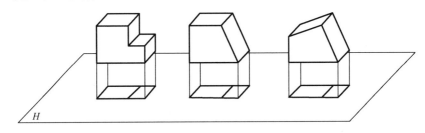

图 2-19　不同形体的正投影图相同的示例

为了准确反映物体的形状和大小,我国国家标准规定用三个相互垂直的投影面构成一个三面投影体系,由正面 V、侧面 W 和水平面 H 构成,如图 2-20（a）所示。三个投影面分别相交于 OX、OY、OZ,相当于三维坐标系,O 称为原点。将形体置于这个坐标系中,从形体的前面沿 A 箭头所示方向在 V 面投影得到的投影图称为正面投影图（主视图）,从形体的上面沿 B 箭头所示方向在 H 面上投影得到的投影图称为水平投影图（俯视图）,从形体的左面沿 C 箭头所示方向在 W 面投影得到的投影图称为侧面投影图（侧视图）,如图 2-20（b）所示。主视图、俯视图和侧视图即为三视图,三视图相互联系才能准确表达物体的形状和大小。

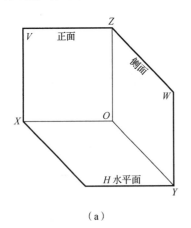

（a）

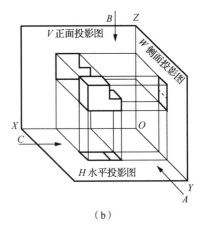

（b）

图 2-20　三视图的形成原理

三视图之间的关系如图 2-21 所示。它们之间存在"三等"关系：①主视图与俯视图，在长度方向相等且对正；②主视图与左视图，在高度方向相等且齐平；③俯视图与左视图，在宽度方向相等。这三视图之间的"三等"投影规律，是绘图和识图的最基本规律，必须牢固掌握，熟练运用。

在进行物流工程项目规划设计时，通常需要用总平面布置图来表达规划设计的总体布局方案。总平面布置图是表示一定区域范围内所有建（构）筑物等布局及邻近情况的平面图样，也可根据实际情况选用其他视图完整、清晰地表达设计方案。图 2-22 所示为某铁路物流中心项目规划的总平面布置图，图中红线表示项目规划的边界，红线范围内主要规划有铁路装卸区（包括集装箱装卸区、零担货物装卸区和特货装卸区等）、仓储区、集装箱堆场（包括拆装箱区、重箱堆场、专用箱堆场等）、甩挂作业场站、流通加工区、停车场及配套商务办公区（包括综合商业区、综合办公大楼等），通过该平面布置图还能了解各功能区之间的相互位置。

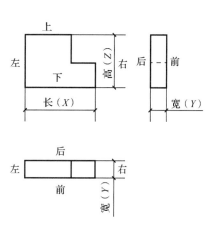

图 2-21 三视图之间的关系

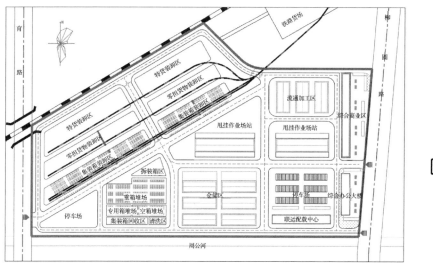

图 2-22 彩图

图 2-22 某铁路物流中心项目规划的总平面布置图

2.3 平面图形的尺寸分析、线段分析与作图步骤

2.3.1 平面图形的尺寸分析

在绘制平面图形时，一项重要的工作是进行平面图形的尺寸分析。下面以图 2-23 为例对平面图形中的尺寸加以分析。

在进行尺寸分析时，首先要确定平面图形在水平和垂直方向的绘图基准，如图 2-23 所示，基准通常也作为尺寸标注的起点。平面图形中的尺寸按其作用可分为定形尺寸和定位尺寸两大类。

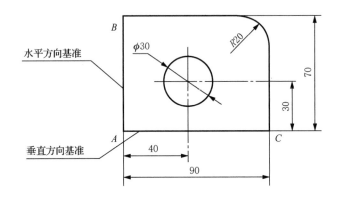

图 2-23 平面图形的尺寸分析示例

定形尺寸是确定平面图形上几何元素的形状和大小的尺寸，如直线的长短、圆的直径、圆弧的半径等。图 2-23 中的 90、70、R20 和 ϕ30 均为定形尺寸，尺寸 90、70、R20 确定了图形外廓形状和尺寸，ϕ30 确定了图形中圆孔的尺寸。

定位尺寸是确定平面图形上几何元素间相对位置的尺寸，如直线的位置、圆心的位置等。图 2-23 中的 40、30 两个尺寸确定了 ϕ30 圆孔的位置，因此称为定位尺寸。

2.3.2 平面图形的线段分析

在绘制平面图形时，根据定形尺寸和定位尺寸是否齐全，平面图形中的线段可分为三种类型：已知线段、中间线段和连接线段。下面以图 2-24 为例对平面图形中的线段加以分析。

图 2-24 所示为一手柄的平面图形。其基准、定位尺寸和定形尺寸如图 2-24（a）所示。平面图形中的线段可分为已知线段、中间线段和连接线段三种类型，如图 2-24（b）所示。

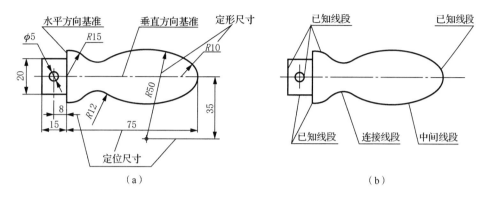

图 2-24 手柄平面图形及线段分析示例

已知线段是定形尺寸和定位尺寸齐全，能够根据所给出的尺寸直接画出的线段。图 2-24（a）中的直线段 15、20，$\phi 5$ 的圆，R15 和 R10 的圆弧均为已知线段。中间线段是只有一个定形尺寸和一个定位尺寸，必须依靠与相邻的一条线段的连接关系才能画出的线段。图 2-24（a）中的 R50 本身为定形尺寸，其定位尺寸为 35 用于确定圆弧 R50 的圆心，通过与已知线段 R10 相连接且相切的条件画出。连接线段是只有定形尺寸而没有定位尺寸的线段，必须依靠与相邻的两条线段的连接关系才能画出的线段。图 2-24（a）中的 R12 是定形尺寸而没有定位尺寸，只能通过与两个已经画出的圆弧 R15 和 R50 相连接且相切的条件画出，因此，R12 称为连接线段。

2.3.3 平面图形的作图步骤

根据上述对平面图形的尺寸分析和线段分析，可以将平面图形的作图步骤归纳为：对图形中的尺寸和线段进行分析，确定基准、尺寸和线段的类型。

第 1 步：画出基准线、定位线。

第 2 步：画出各已知线段。

第 3 步：画出各中间线段。

第 4 步：画出各连接线段。

第 5 步：修整，擦去多余的线，并按规范要求修改各线段线型。

下面以图 2-24 为例说明平面图形的作图步骤。

第 1 步：画出水平和垂直方向基准线，定出 $\phi 5$ 圆的圆心 E 和 R10 圆弧的圆心 F，如图 2-25（a）所示。

第 2 步：画出已知线段 15，$\phi 20$、$\phi 5$ 的圆，R15 和 R10 的圆弧，如图 2-25（b）所示。

第 3 步：画出中间线段 R50，如图 2-25（c）和（d）所示，由于 R50 与 R10 相内切，以 F 为圆心、以 R40 为半径画弧与尺寸 35 为依据确定的水平线的交点 B 即为 R50 的圆心，同时可定出切点 T_1。从 B 点向上作垂直于垂直基准线的直线与半径 $R40$ 圆弧的交点 A 即为圆弧 $R50$ 的另一个圆心，同时可定出切点 T_2。以 A、B 为圆心，以 $R50$ 为半径，便可作出圆弧 $R50$。

第4步：画出连接线段 $R12$，如图 2-25（e）和（f）所示。由于圆弧 $R12$、$R15$ 和圆弧 $R50$ 相外切，因此，作圆弧 $R27$（15+12）和 $R62$（50+12）的交点 C 即为圆弧 $R12$ 的圆心，作出切点 T_3 和 T_4。以 C 为圆心，作出圆弧 $R12$。

第5步：按规范要求修整已形成的平面图形。

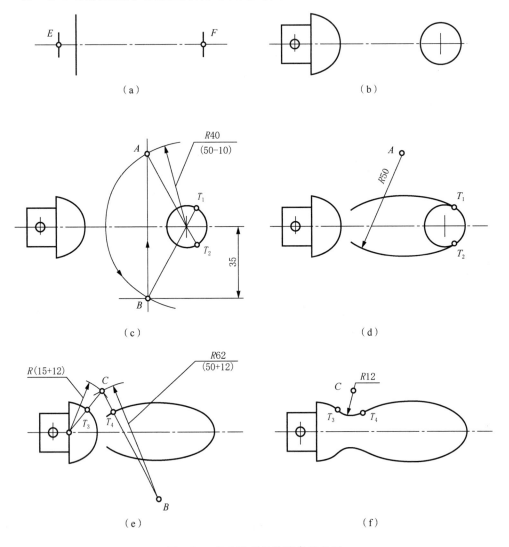

图 2-25 平面图形的作图步骤示例

完成上述平面图形的绘制以后，按已知线段、中间线段、连接线段的顺序逐个标注尺寸，以确定图形中的尺寸能够唯一地确定图形的大小和形状，既不能遗漏也不能重复。

本章小结

本章主要介绍了三个方面的基本内容：一是工程技术人员应当熟悉和掌握的有关工程制图的国家标准，包括图纸幅面、格式、图线、字体、尺寸标注、比例等；二是工程制图的投影法基本原理，包括点、线和面的投影原理；三是工程制图中平面图形的尺寸分析、线段分析与绘图步骤。平面图形的尺寸由定形尺寸和定位尺寸构成。平面图形中的线段分为已知线段、中间线段和连接线段三种类型，在绘制平面图形时，先画出已知线段，再画出中间线段，最后画出连接线段。

本章习题

1. 简述常用的标准图纸幅面及尺寸大小。
2. 说明标准的图框格式与尺寸大小。
3. 标题栏的作用是什么？通常在标题栏中需要表示哪些信息？
4. 通常情况下，一幅完整的工程图样有哪些构成要素？
5. 简述中心投影法的基本原理。
6. 简述平行投影法的基本原理。
7. 通常所说的三视图是什么意思？
8. 简述平面图形中的线段有哪些类型。
9. 简述绘制平面图形的基本步骤。

第 3 章 物流工程CAD软件基础知识

【教学目标】

（1）了解 AutoCAD 软件及学习方法。
（2）熟悉 AutoCAD 软件的工作界面。
（3）掌握 AutoCAD 图形文件的保存方法。
（4）掌握 AutoCAD 坐标的表示方法。
（5）掌握图层的基本概念与设置方法。
（6）会设置绘图环境并建立样本空间文件。

【导入案例】

在了解了物流工程及工程图样的相关基础知识后，如何精确、完整地绘制一幅工程图样呢？这就需要掌握专业的计算机绘图工具。我们先了解一下什么是计算机辅助设计。计算机辅助设计（computer aided design，CAD）作为一门学科始于 20 世纪 60 年代初，进入 20 世纪 90 年代后，计算机技术的快速发展推动了 CAD 技术的进步，使 CAD 成为一种高效率、高质量的精确绘图技术，其中重要的代表是 AutoCAD 软件。AutoCAD 软件是当前国际上广泛流行的一款通用化、专业化的计算机绘图工具，它是由美国 Autodesk 公司开发的产品，已广泛应用于建筑、机械、土木工程、交通工程、物流工程等领域，成为工程技术人员必备的工作技能之一，极大地提高了工程技术人员的工作效率。AutoCAD 软件提供了绘制工程图样的工作界面、图形文件的管理、绘制图形与编辑图形、尺寸标注、图形打印等基本功能。本章以 AutoCAD 2018 软件中文版为例介绍使用 CAD 技术绘制工程图样的基本方法和作图技巧。

3.1 AutoCAD 软件的基本功能

AutoCAD 软件功能强大，用户界面友好，可以通过命令窗口、菜单栏、工具栏三种基本方法输入 AutoCAD 命令，精确地完成各种图形的设计与绘制。

AutoCAD 软件的主要功能包括绘图功能、图形编辑功能、尺寸标注和文字输入功能、打印输出功能等。

绘图功能是 AutoCAD 软件的基本功能之一。AutoCAD 提供了精确绘制各种图形的命令与快速绘图的辅助工具，用户可通过命令输入、菜单栏等不同的交互方式快速、精确地绘制直线、圆、圆弧等各种图形。AutoCAD 具有强大的图形编辑功能，提供了对图形进行编辑的各种命令与使用方法，可对图形进行选择、移动、复制、旋转、修剪、缩放、镜像等操作，也可以编辑图形元素的颜色、线型、线宽等特性，熟练掌握图形编辑功能可大大提高绘图效率。尺寸标注和文字是一个图形的重要组成部分，AutoCAD 软件提供了强大的尺寸标注与文字输入功能。AutoCAD 可以任意调整图形显示的比例，以便观察图形的全部或局部情况。通过设置输出参数，选用指定的绘图仪或打印机将图形印制在图纸上，也可以根据需要输出不同格式的电子版文档，如 PDF、JPG 格式等。

3.2 AutoCAD 的用户界面与基本操作

AutoCAD 的用户界面是 AutoCAD 显示、编辑图形的工作界面，由快速访问工具栏、标题栏、菜单栏、工具栏、功能区、绘图窗口、命令窗口、状态栏、十字光标、坐标系、模型和布局选项卡等组成，不同的版本其用户界面有所不同，但基本功能是一样的。AutoCAD 2018 中文版用户界面如图 3-1 所示。

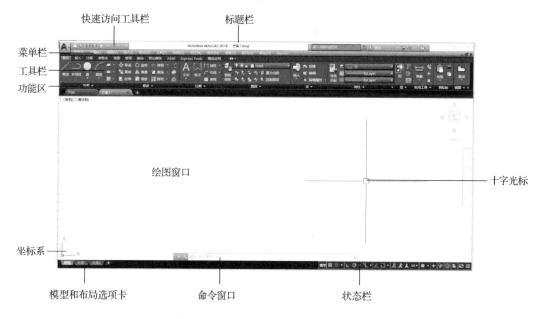

图 3-1 AutoCAD 2018 中文版用户界面

3.2.1 菜单栏

菜单栏包含 12 个功能菜单,分别为"文件""编辑""视图""插入""格式""工具""绘图""标注""修改""参数""窗口""帮助",这些菜单几乎包含了 AutoCAD 的所有功能。例如,"绘图"菜单中设置了各种绘图命令,单击"绘图"菜单,出现下拉菜单,其中提供了多种绘制图形的命令,用户可根据实际需要灵活选用。如图 3-2 所示,系统提供了"三点""起点、圆心、端点"等 10 种画圆弧的命令。

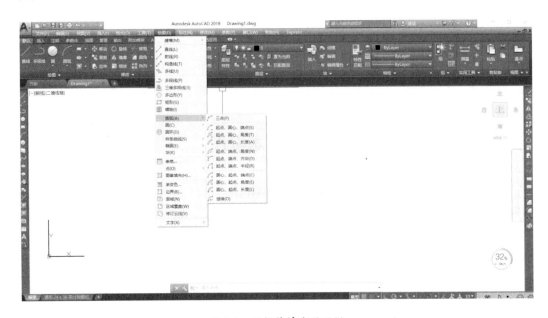

图 3-2 下拉菜单应用示例

3.2.2 工具栏

工具栏提供了一系列图标按钮,单击不同的按钮就可以启动并执行相应的命令,如图 3-3 所示。每一个图标按钮代表一个命令,如单击"绘制圆"按钮就可以绘制圆。工具栏可以通过菜单栏中的"工具"菜单进行设置。AutoCAD 2018 提供了几十种工具栏,选择菜单栏中的"工具"→"工具栏"→"AutoCAD"命令,系统会打开显示各种工具栏名的子菜单,单击某一个工具栏名,会在用户界面打开或关闭该工具栏。

图 3-3 工具栏

3.2.3 快速访问工具栏

快速访问工具栏中显示了最常用的 7 个工具按钮，分别为"新建""打开""保存""另存为""放弃""重做""打印"，用户可以直接单击某一个工具按钮执行相应的命令，也可以单击快速访问工具栏后面的小三角按钮，选择其他工具按钮。

3.2.4 标题栏

标题栏显示了系统当前正在运行的应用程序名和用户正在编辑的图形文件名。

3.2.5 功能区

功能区包括"默认""插入""视图""输出""输入"等选项卡，集成了各选项卡的各项操作工具，以方便用户使用。根据用户需要可通过选择菜单栏中的"工具"→"选项板"→"功能区"打开或关闭功能区。

3.2.6 绘图窗口

绘图窗口是用户界面中最大的空白区域，这是用户使用 AutoCAD 绘制图形的工作空间，可以将其想象成无限大的空间。为了精确绘图，绘图窗口中定义了坐标系，在绘图窗口的左下角显示了坐标系图标，表示用户绘图时正在使用的坐标系样式。坐标系图标的作用是为绘图确定一个参照系。根据用户需要，用户可选择将坐标系图标打开或关闭，其方法是选择或取消选择菜单栏中的"视图"→"显示"→"UCS 图标"→"开"命令，即可打开或关闭坐标系图标。

对绘图窗口的颜色可根据用户喜好进行修改，修改方法如下：选择菜单栏中的"工具"→"选项"→"显示"→"窗口元素"命令，打开"窗口元素"对话框，单击"颜色"按钮，打开"图形颜色窗口"对话框（图3-4）；在"图形窗口颜色"对话框中的"上下文"列表框中选择"二维模型空间"，在"界面元素"列表框中选择"统一背景"，在"颜色"列表框中选择自己喜欢的背景颜色，如白色。

3.2.7 十字光标

十字光标也称光标，通过光标十字线交点的坐标值显示当前点的位置。十字线的方向与当前用户坐标系的 X、Y 轴方向平行。用户可根据自己的需要设置十字光标的大小，修改方法如下：选择菜单栏中的"工具"→"选项"命令，打开"选项"对话框（图3-5）；在"选项"对话框中选择"显示"选项卡，在"十字光标大小"文本框中直接输入数值，或拖动文本框后面的滑块，即可对十字光标的大小进行调整；调整好以后单击"应用"按钮，再单击"确定"按钮，即完成对十字光标大小的设置。

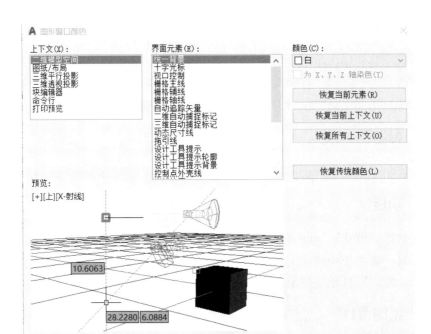

图 3-4 设置绘图窗口颜色

图 3-5 设置十字光标大小

3.2.8 命令窗口

命令窗口是用户输入命令和显示命令提示的区域,系统默认的命令窗口位于绘图窗口的下方，用户可以拖动命令窗口将其移动到绘图窗口的其他位置。AutoCAD 通过命令窗口反馈各种信息，包括出错信息，因此，用户要时刻关注命令窗口中显示的信息。

3.2.9 状态栏

状态栏位于用户界面的右下角，用于显示一些常用绘图的辅助工具，可根据需要设置其功能状态，如栅格、动态输入、正交模式、对象捕捉模式等，通过单击相应的按钮即可打开或关闭相应的辅助功能，如图 3-6 所示。栅格可理解为在整个坐标系平面上放置一张坐标纸，可利用栅格作为参照进行绘图。动态输入是在光标附近显示一个提示框，用于显示对应的命令提示和光标的当前坐标值。正交模式打开时，只能绘制水平和垂直的直线。对象捕捉模式打开时，可快速捕捉图形元素的一些特征点，能大大提高绘图效率。

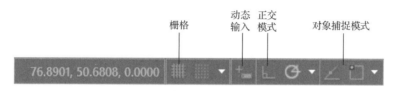

图 3-6　状态栏

用户可以根据个人喜好和习惯定制化用户界面，如将用户界面设置为经典用户界面，如图 3-7 所示。这个界面的布局比较简洁，只是将常用的图形工具显示在用户界面上，绘图空间比较大，是老用户习惯使用的经典界面。

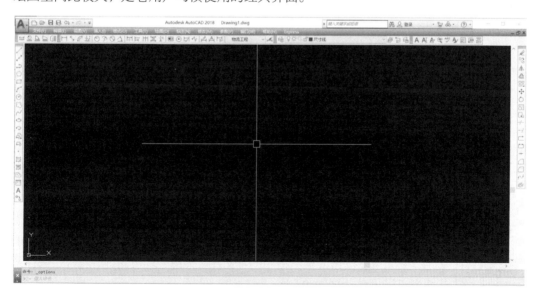

图 3-7　经典用户界面

3.3 AutoCAD 命令的输入方法

AutoCAD 提供了多种命令和参数的输入方法，下面以绘制直线为例介绍常用的命令输入方法。

方法一：在命令窗口中输入命令 LINE（或简写为 L）。

方法二：在菜单栏中选择"绘图"→"直线"命令。

方法三：单击绘图工具栏中的"绘制直线"按钮 。

以上三种方法是 AutoCAD 基本的命令输入方法，通过以上三种方法执行命令后，会出现如图 3-8 所示的绘制直线命令窗口。按命令窗口中的提示依次指定绘制直线的第一个点、下一个点，按空格键或回车键结束绘图过程。

图 3-8　绘制直线命令窗口

3.4 图形的缩放操作

在绘图过程中，用户经常需要将图形进行缩小或放大，或者将图形全部显示在绘图窗口中，以便观察绘图效果。

AutoCAD 提供了多种图形缩放的方法，单击工具栏中的各种缩放按钮 ，即可实现不同方式的图形缩放操作。例如，单击局部放大按钮 ，可通过矩形框选择需要放大的图形部分，则被选择的部分会被放大充满整个绘图窗口；单击范围缩放按钮 ，则窗口范围内的图形会被放大充满整个绘图窗口。

AutoCAD 图形文件的管理

3.5 AutoCAD 图形文件的管理

AutoCAD 提供了三种基本方式实现对图形文件的管理。

通过单击用户界面左上角的 按钮、快速访问工具栏中的 按钮或菜单栏中的"文件"菜单，均可新建、打开、保存及打印图形文件，如图 3-9 所示。

第 3 章
物流工程 CAD 软件基础知识

图 3-9　图形文件的管理

3.5.1　新建图形文件的方法

方法一：在命令窗口中输入命令 NEW。
方法二：单击快速访问工具栏中的"新建"按钮。
方法三：在菜单栏中选择"文件"→"新建"命令。

执行上述操作后，打开如图 3-10 所示的"选择样板"对话框，选择"图形样板(*.dwt)"文件类型后，在对话框中显示所有可选择的扩展名为.dwt 的样板文件。在此，选择 acadiso 样板文件，单击"打开"按钮，打开 acadiso 绘图样板空间，用户通过该样板空间可进行图形的精确绘制。

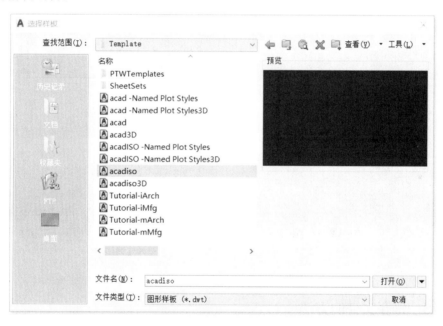

图 3-10　"选择样板"对话框

3.5.2　打开文件的方法

方法一：在命令窗口中输入命令 OPEN。
方法二：单击工具栏中的"打开"按钮。
方法三：在菜单栏中选择"文件"→"打开"命令。

执行上述操作后，打开如图 3-11 所示的"选择文件"对话框，选择需要打开的文件。

AutoCAD 能够打开的文件类型在"文件类型"下拉列表中显示,包括扩展名为.dwg、.dwt、.dxf 和.dws 的四种格式的文件类型。扩展名为.dwg 的文件为图形文件;扩展名为.dwt 的文件为样板文件;扩展名为.dxf 的文件是用文本形式存储的图形文件;扩展名为.dws 的文件是包含标准图层、标注样式、线型和文字样式的样板文件。

有时在打开.dwg 文件时,系统提示用户图形文件不能打开。此时,需要先退出打开操作,然后选择菜单栏中的"文件"→"图形实用工具"→"修复"命令,或在命令窗口中输入命令 RECOVER,接着在"选择文件"对话框中选择需要恢复的文件,确认后系统开始执行恢复文件操作。

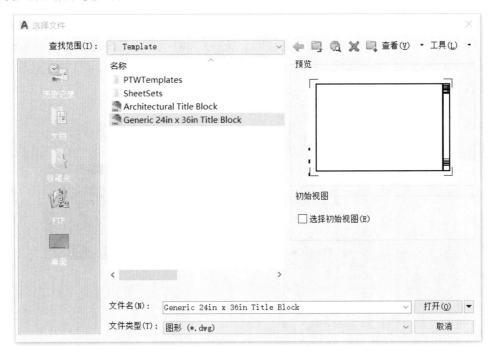

图 3-11　"选择文件"对话框

3.5.3　保存文件的方法

方法一:在命令窗口中输入命令 SAVE。
方法二:单击工具栏中的"保存"按钮。
方法三:在菜单栏中选择"文件"→"保存"命令。

执行上述操作后,若文件已经命名则系统自动保存文件;若文件未命名,则系统打开"图形另存为"对话框,用户可命名文件并指定保存文件的路径,在"文件类型"下拉列表框中指定保存文件的类型,如图 3-12 所示。另外,为了防止意外操作或计算机故障导致正在绘制的图形文件丢失,可以通过选择菜单栏中的"工具"→"选项"命令,在"选项"对话框的"打开和保存"选项卡中设置文件的自动保存路径、版本及自动保存时间间隔等参数,如图 3-13 所示。

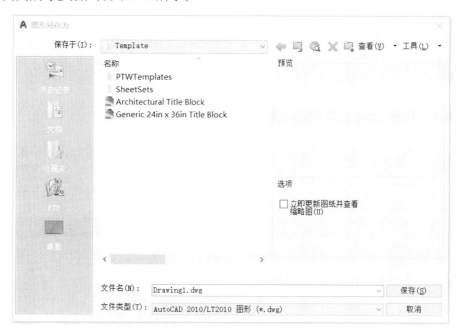

图 3-12 "图形另存为"对话框

图 3-13 "打开和保存"选项卡

3.6 用户界面的个性化设置

通过用户界面的个性化设置，可以根据个人习惯与喜好建立自己的样板文件，在绘图时打开自己定制化的样板文件就可以了。

3.6.1 快速访问工具栏选项设置

单击快速访问工具栏中的 按钮，出现下拉菜单，通过选择该下拉菜单中的相应选项可实现相关功能的打开与关闭操作，如依次选择下拉菜单中的"工作空间""图层""特性匹配"和"特性"选项，则快速访问工具栏将显示相应的功能图标，如图3-14所示。

图 3-14 快速访问工具栏选项设置

3.6.2 菜单栏的显示与关闭方法

单击快速访问工具栏中的 按钮，出现下拉菜单，在该下拉菜单中选择"隐藏菜单栏"，则菜单栏被隐藏。再次单击快速访问工具栏中的 按钮，在下拉菜单中选择"显示菜单栏"，则菜单栏被重新显示出来。

3.6.3 功能区的显示与关闭方法

功能区的显示与关闭可按以下方法操作，在菜单栏中依次选择"工具"→"选项板"→"功能区"，则功能区被显示或隐藏。

3.6.4 工具栏的设置方法

工具栏上显示的按钮可根据需要进行设置，操作步骤为：在菜单栏中依次选择"工具"→"工具栏"→"AutoCAD"→"标准"命令，将显示标准工具栏（图3-15），包括了常用的图形文件管理、图层管理、文字编辑等功能按钮；在菜单栏中依次选择"工具"→"工具栏"→"AutoCAD"→"绘图"命令，则显示绘图工具栏，包括了常用的绘图命令按钮，如直线、圆、矩形等，单击这些按钮将输入相应的绘图命令；在菜单栏中依次选择"工具"→"工具栏"→"AutoCAD"→"编辑"命令，则显示图形编辑工具栏，包括了常用的图形编辑命令，如复制、镜像、修剪、延伸等，单击这些按钮将输入相应的图形编辑命令。

图 3-15 标准工具栏

3.6.5 命令窗口的设置

命令窗口（图 3-16）位于绘图窗口的右下角，它是用户输入命令的交互窗口，用户操作的所有命令均显示在命令窗口中。用户需随时查看命令窗口中的操作提示，按提示完成各种命令的操作。将光标放在命令窗口的上边缘，当光标变成双向箭头时，按住鼠标左键并向上或向下拖动就可以改变命令窗口显示的行数。

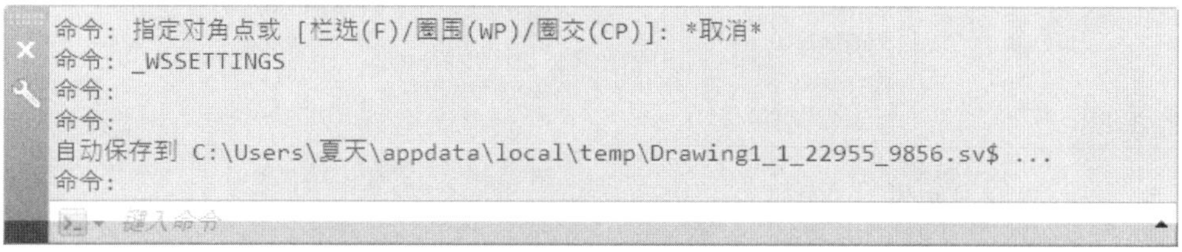

图 3-16 命令窗口

3.6.6 精确绘图的辅助功能及设置方法

精确绘图的辅助功能及设置方法

AutoCAD 设置了一些快速绘图的辅助工具，常用的辅助工具有栅格、正交模式、对象捕捉、动态输入、极轴追踪等。根据绘图需要可以打开或关闭相应的辅助功能。当按钮为蓝色时表示功能处于打开状态，当按钮为灰色时表示功能处于关闭状态。下面以"栅格""正交模式""对象捕捉"功能为例说明其设置方法。

1. 栅格的设置方法

栅格是一个形象的绘图工具，可理解为在绘图空间里铺设了一张坐标纸，可辅助用户快速地进行绘图定位。栅格的设置方法如下。

方法一：按下状态栏中的"栅格显示"按钮▦，按钮显示为蓝色，表示栅格功能处于打开状态，在绘图窗口显示坐标栅格；再按一次▦按钮，按钮显示为灰色，表示栅格功能处于关闭状态，绘图窗口则不显示坐标栅格。

方法二：按 F7 快捷键打开或关闭栅格功能。

方法三：在菜单栏中选择"工具"→"绘图设置"命令，打开"草图设置"对话框，选择"捕捉和栅格"选项卡（图 3-17），可以对栅格的详细参数进行设置，如可以设置栅格间距，或启用栅格捕捉功能，捕捉到栅格的交点。

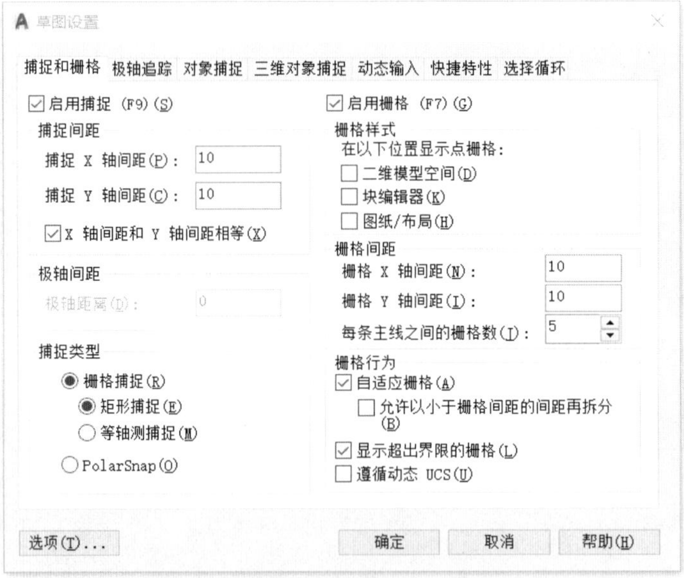

图 3-17 "捕捉和栅格"选项卡

2. 正交模式的设置方法

启用正交模式时只能绘制水平和垂直线段，移动对象时也只能沿水平或垂直方向移动。正交模式的设置方法如下。

方法一：按下状态栏中的"正交模式"按钮。

方法二：按 F8 快捷键打开或关闭正交模式。

方法三：在命令窗口中输入命令 ORTHO。

3. 对象捕捉模式的设置方法

对象捕捉模式为用户提供了快速、精确捕捉图形上某些特征点的方法。对象捕捉模式的设置方法如下。

方法一：在菜单栏中选择"工具"→"绘图设置"命令，选择"对象捕捉"选项卡（图 3-18），通过该选项卡设置捕捉对象模式的参数。

方法二：按下状态栏中的"对象捕捉"按钮。

方法三：按 F3 快捷键打开或关闭对象捕捉模式。

4. 动态输入的设置方法

动态输入功能用于设置在十字光标附近是否显示命令提示和命令输入。动态输入的设置方法如下。

方法一：在菜单栏中选择"工具"→"绘图设置"命令，选择"动态输入"选项卡（图 3-19），通过该选项卡设置动态输入的参数。

方法二：按下状态栏中的"动态输入"按钮。

方法三：在命令窗口中输入命令 DYNMODE。设置数值为 1，表示启用动态输入功能；设置数值为 0，表示关闭动态输入功能。

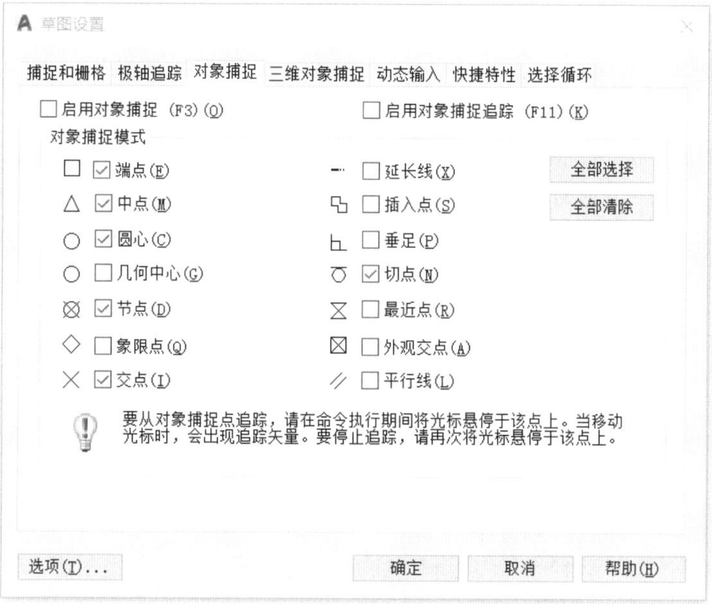

图 3-18 "对象捕捉"选项卡

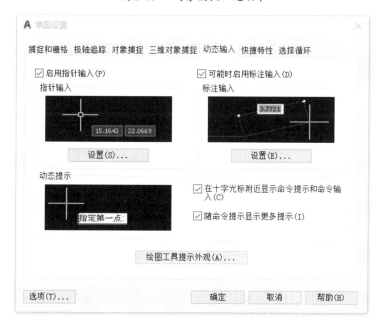

图 3-19 "动态输入"选项卡

5. 图形单位的设置

我们在绘图时通常按国际单位进行绘制。图形单位的设置方法如下。

方法一：在命令窗口中输入命令 DDUNITS 或 UNITS（或简写为 UN）。

方法二：在菜单栏中选择"格式"→"单位"命令。

执行上述操作后，打开"图形单位"对话框，通过该对话框可以对图形单位进行详细设置，可设置长度和角度类型、插入图形时的缩放单位等，如图 3-20 所示。"插入时的缩放单位"选项用于控制插入图形的测量单位，当插入图形的单位与当前设置单位不同时，则在插入这个图形时按其比例进行缩放。插入比例是原图形的图形单位与当前设置的图形单位的比值。

图 3-20 "图形单位"对话框

6. 图形界限的设置

图形界限用于控制绘制图形的范围大小。当图形界限功能有效时，不能在图形界限以外的空间绘制图形；当图形界限功能无效时，则绘图范围不受图形界限的控制。图形界限的设置方法如下。

方法一：在命令窗口中输入命令 LIMITS。

方法二：在菜单栏中选择"格式"→"图形界限"命令。

执行上述操作后，按提示的操作步骤即可完成图形界限设置及图形界限功能的打开或关闭。例如，在命令窗口中输入命令 LIMITS 后，显示如图 3-21 所示的提示信息，其中图形界限的默认值为 210×297。

第 3 章
物流工程 CAD 软件基础知识

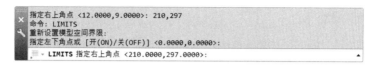

图 3-21 通过命令窗口设置图形界限

7. 工作空间的转换

工作空间表示 AutoCAD 的工作环境，单击快速访问工具栏中的 ✿ 按钮，出现快捷菜单，通过该菜单可以转换不同的工作空间。一般情况下，AutoCAD 2018 默认选择"草图与注释"工作空间。

3.6.7 图层的设置方法

AutoCAD 提供了图层工具，可将图层理解为透明的纸片，对每个图层规定其颜色、线型和线宽，并把具有相同特征的图形对象绘制在同一个图层上。例如，一个物流园区内有物流作业区、内部道路、绿化区等具有不同特征的图形对象，可以将这些图形对象分别绘制在不同的图层上，这样具有不同特性的图层重叠在一起就形成一个完整的物流园区总体规划布局图。熟练掌握图层工具可以大大提高绘图效率，并可节省存储空间。

1. 建立新图层

新建图层的方法如下。
方法一：在命令窗口中输入命令 LAYER。
方法二：在菜单栏中选择"格式"→"图层"命令。
方法三：单击工具栏中的"图层特性"按钮 🗇。

执行上述操作后，打开"图层特性管理器"对话框（图 3-22），显示当前图层为 0，并显示当前图层的状态、颜色、线型和线宽等特性。

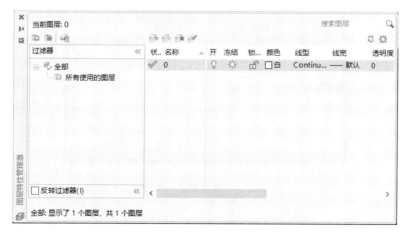

图 3-22 "图层特性管理器"对话框

2. 图层特性设置

创建新图层后，可以设置或修改图层的颜色、线型和线宽。下面以表 3-1 所要求的图层特性为例说明设置图层特性的方法。

表 3-1 设置图层特性

图层名称	颜色	线型	线宽
轮廓线层	蓝色	Continuous	0.50mm
中心线层	红色	Center	0.13mm
虚线层	黄色	Dashed	0.13mm
尺寸标注层	绿色	Continuous	默认
文字说明层	洋红色	Continuous	默认

（1）新建图层并给图层命名。

单击"图层特性管理器"对话框中的"新建图层"按钮，出现新建的"图层 1"，双击"图层 1"，将图层名修改为"轮廓线层"。

（2）设置图层颜色。

单击"图层特性管理器"对话框中"轮廓线层"图层对应的颜色按钮，打开"选择颜色"对话框（图 3-23），在此选择蓝色。

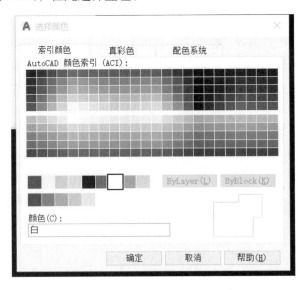

图 3-23 "选择颜色"对话框

（3）设置图层线型。

单击"图层特性管理器"对话框中"轮廓线层"图层对应的线型按钮，打开"选择线型"对话框（图3-24），显示已加载的线型、选择"Continuous"线型，单击"确定"按钮，完成线型的设置。若需要设置的线型没有显示在对话框中，则单击"加载"按钮，添加需要的线型。单击"加载"按钮后，打开"加载或重载线型"对话框（图 3-25），选择需要添加的线型即可，如中心线层需要"Center"线型，先将"Center"线型加载到"选择线型"对话框中的"已加载的线型"列表框中，再选择"Center"线型，单击"确定"按钮，即可完成线型的设置。

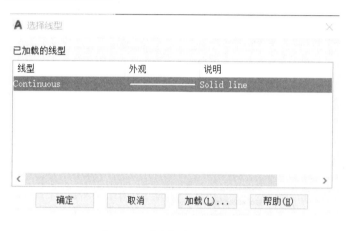

图 3-24 "选择线型"对话框

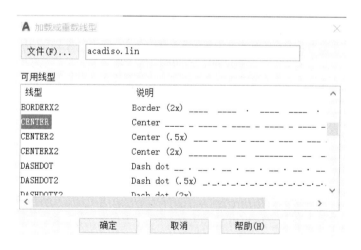

图 3-25 "加载或重载线型"对话框

（4）设置图层的线宽。

单击"图层特性管理器"对话框中"轮廓线层"图层对应的线宽按钮，打开"线宽"

对话框（图 3-26），显示不同的线宽尺寸，选择"0.50mm"，单击"确定"按钮，即可完成线宽的设置。

按相似方法分别创建中心线层、虚线层、尺寸标注层、文字说明层，并依次设置颜色、线型和线宽，完成表 3-1 所要求的图层特性设置，如图 3-27 所示。设置好图层特性后，就可以使用图层进行图形编辑了。若需要绘制中心线，则将"中心线层"设置为当前图层。其设置方法是在图 3-27 中选择"中心线层"，然后单击"置为当前"按钮，则"中心线层"便成为当前图层，就可以在该图层中绘制中心线图形了。

图层的颜色、线型、线宽等特性也可以进行修改，选择菜单栏中的"修改"→"特性"命令，或者直接单击工具栏中的"特性"按钮，打开如图 3-28 所示的特性修改面板，直接单击相应特性进行修改即可。

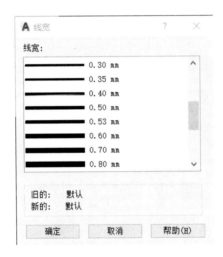

图 3-26 "线宽"对话框

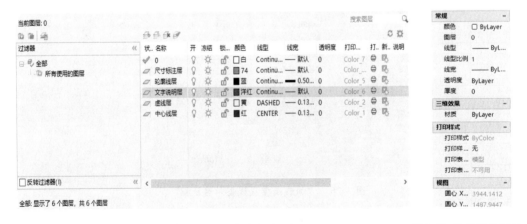

图 3-27 完成后的图层特性设置示例　　　　图 3-28 特性修改面板

3. 控制图层的状态

为便于高效绘图，AutoCAD 提供了图层状态控制工具，在"图层特性管理器"对话框中设置了打开与关闭、冻结与解冻、锁定与解锁和打印与不打印等状态开关，通过相应的开关实现对图层状态的控制，从而控制相应图层上图形对象的可见性与可编辑性等。下面对图层的状态控制进行简要说明。

图层的打开与关闭。单击图 3-27 中的灯泡图标，可以打开或关闭某一图层。当灯泡图标由灰色变为黄色时，表示打开图层；当灯泡图标由黄色变成灰色时，表示关闭图层。当图层打开时，图层上所有的图形对象是可见的；当图层关闭时，图层上所有的图形对象不可见且不能被打印。当图形重新生成时，被关闭的图层上的图形将一起重新生成。

图层的冻结与解冻。单击图 3-27 中的太阳图标，可以冻结或解冻某一图层。当灰色雪花图标变为黄色太阳图标时，表示图层处于解冻状态；当黄色太阳图标变为灰色雪花图标时，表示图层处于冻结状态。当图层处于解冻状态时，图层上所有的图形对象是可见的；当图层处于冻结状态时，图层上所有的图形对象不可见且不能被打印。当图形重新生成时，被冻结的图层上的图形不能重新生成。

图层的锁定与解锁。单击图 3-27 中的锁图标，可以锁定或解锁图层。当锁图标处于关锁状态时，图层处于锁定状态，图层上的图形对象可见但不能被编辑；当锁图标处于开锁状态时，图层处于解锁状态，图层上的图形对象是可见且可编辑的。

图层的打印与不打印。单击 3-27 中的打印机图标，可以设置图层上的图形对象是否可以打印。当图标变为状态时，表示相应图层上的图形对象不能被打印。

还可选择菜单栏中的"格式"→"图层工具"命令，对图层进行打开与关闭、冻结与解冻、锁定与解锁、打印与不打印等操作。

3.6.8 图形样板文件的保存方法

通过以上操作，即可完成用户界面的个性化设置，此时，可以将设置好的用户界面保存为图形样板文件。保存图形样板文件的方法如下。

方法一：单击快速访问工具栏中的"保存"按钮。

方法二：在菜单栏中选择"文件"→"保存"命令。

方法三：按 Ctrl+S 组合键。

执行上述操作后，打开如图 3-29 所示的"图形保存为"对话框，选择文件需要保存的路径，给样板文件命名，文件类型选择"AutoCAD 图形样板（*.dwt）"，如保存为"物流工程.dwt"样板文件。每次在 AutoCAD 中新建图形文件时，都将打开"物流工程.dwt"样板文件，系统直接进入"物流工程.dwt"样板文件空间。

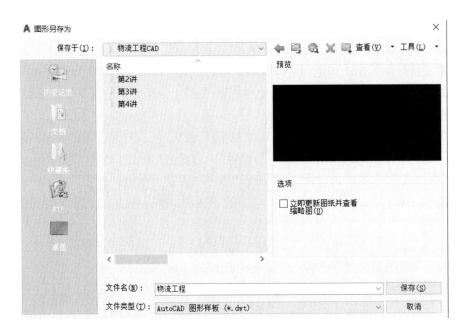

图 3-29 "图形另存为"对话框

本章小结

本章主要介绍了 AutoCAD 软件的基础知识，包括软件的基本功能、用户界面各选项的作用与设置方法、图形文件的保存方法、命令的输入方法等，详细阐述了个性化设置用户界面的方法，重点介绍了图层的设置方法。

本章习题

1. AutoCAD 软件有哪些基本功能？
2. 简要说明 AutoCAD 软件用户界面的结构组成。
3. 利用 AutoCAD 提供的样板文件 acadiso.dwt 创建一个新文件，为新文件命名并保存到指定的位置。
4. 在 AutoCAD 经典用户界面下，设置图形界限为 1000×1000。
5. 设置表 3-2 所示的图层特性。

表 3-2 设置图层特性

图层名称	颜色	线型	线宽
轮廓线	黑色	Continuous	0.70mm
中心线	红色	Center	0.35mm
虚线	黄色	Dashed	0.35mm
尺寸线	绿色	Continuous	0.35mm
文本	洋红色	Continuous	0.35mm

6. 通过菜单栏中的"绘图"→"直线"命令，在第 5 题创建的"轮廓线"图层中任意绘制几条线段。

7. AutoCAD 图形的基本特性有哪些？如何改变图层的特性？

8. 将第 5 题创建的"中心线""文本"图层关闭并冻结。

9. 说明图形对象的选择方法。

10. 如何理解对象捕捉模式？简要说明对象捕捉模式的设置方法。

11. 如何理解正交模式？简要说明正交模式的设置方法。

第 4 章
物流工程CAD常用图形绘制方法

🗂 【教学目标】

（1）掌握点的绘制方法。
（2）掌握线段的绘制方法。
（3）掌握矩形及正多边形的绘制方法。
（4）掌握圆及圆弧的绘制方法。
（5）掌握图案填充的方法和步骤。
（6）能运用常用绘图命令绘制简单的平面图形。

🗂 【导入案例】

在熟悉了 AutoCAD 软件的基本功能、操作方法和作图技巧后，要想绘制一幅工程图样，还需要掌握 AutoCAD 软件的图形绘制方法。例如，绘制如图 4-1 所示的货架单元

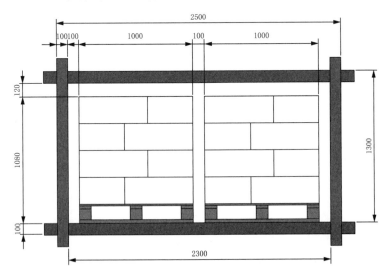

图 4-1 彩图

图 4-1 货架单元货格的二维平面视图

第 4 章
物流工程 CAD 常用图形绘制方法

货格的二维平面视图，该图精确地表示了货格的基本形状与尺寸。本章主要介绍 AutoCAD 提供的绘制平面图形的方法，包括绘制点、线段、矩形、圆、圆弧和图案填充等，灵活运用这些方法，就可以快速、精确地绘制各种平面图形。

4.1 点的绘制

点的绘制

点是构成平面图形最基本的几何元素，AutoCAD 提供了多种绘制点的方法，包括单点、多点、等分点等绘制方法。在创建点之前，要对生成点的样式进行设置。

4.1.1 点的样式设置

点的样式设置方法是在菜单栏中选择"格式"→"点样式"命令，打开如图 4-2 所示的"点样式"对话框。该对话框提供了多种点的显示样式，单击选择自己喜欢的样式即可。"点大小"选项用于设置点在绘图窗口中显示的比例大小。选择"相对于屏幕设置大小"单选按钮可以相对于屏幕尺寸的百分比设置点的大小，比例值可根据情况调整，可大可小。选择"按绝对单位设置大小"单选按钮可以按实际单位设置点的大小。

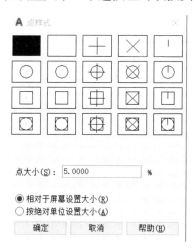

图 4-2 "点样式"对话框

4.1.2 点的坐标输入方法

在绘制平面图形时，AutoCAD 提供了直角坐标和极坐标两种形式输入点的坐标值。直角坐标又分绝对直角坐标和相对直角坐标，极坐标也分绝对极坐标和相对极坐标。

在 AutoCAD 中，绝对直角坐标的表达式为(X,Y)，如(200,300)表示横坐标值 X=200、纵坐标值 Y=300。相对直角坐标的表达式为（@X,Y），即在绝对直角坐标表达式（X,Y）

前加了一个"@"符号,表示相对于前一点的(X,Y)坐标值,如(@200,300)表示相对于前一个点(200,300)的坐标位置。绝对极坐标的表达式为($R<\alpha$),R表示点到坐标原点(0,0)的距离,α表示极轴方向与X轴正方向之间的夹角。在极坐标中规定X轴正方向为0°,Y轴正方向为90°,从X轴正方向开始逆时针旋转的角度为正,从X轴正方向开始顺时针旋转的角度为负。例如,(200<45)表示点到原点之间的长度为200,45表示与X轴正方向的夹角为45°,其中距离和角度之间用"<"分隔。相对极坐标的表达式为(@长度<角度),在绝对极坐标表达式前加了一个"@"符号,表示相对于上一点的长度以及与X轴正方向之间的夹角。例如,(@200<45),表示新生成的点相对于上一个点的长度为200,其中45是指新点与和上一点的连线与X轴之间的夹角为45°。

在实际绘图过程中,以上四种点的坐标输入方法常常综合运用,必须牢固掌握其含义及坐标输入的表达式。

4.1.3 点的绘制方法

AutoCAD提供了单点、多点、等分点的绘制方法。单点是在绘图窗口中一次仅绘制一个点;多点是在绘图窗口中连续绘制多个点;等分点是在直线、圆弧或圆等几何图形上创建等分的位置点,等分点又分定数等分点和定距等分点。

1. 单点的绘制方法

AutoCAD提供了三种绘制单点的方法。

方法一:在命令窗口中输入命令POINT。

方法二:在菜单栏中选择"绘图"→"点"→"单点"命令。

方法三:单击"绘图"工具栏中的"绘制点"按钮·。

2. 多点的绘制方法

AutoCAD提供了两种绘制多点的方法。

方法一:单击"绘图"工具栏中的"绘制点"按钮·。

方法二:在菜单栏中选择"绘图"→"点"→"多点"命令。

通过以上方法绘制单点或多点时,可以用鼠标在绘图窗口中的任意位置绘制点,也可以通过输入坐标值在指定的位置绘制点。

3. 定数等分点的绘制方法

利用AutoCAD的"定数等分"命令可以将所选对象等分为指定数目的相等长度,并在对象上按指定数目等间距创建点。该操作仅是标明定数等分点的位置,并不是将对象实际等分为单独对象,进行等分的目的主要是便于将这些等分点作为绘制图形的参考点。

假设在圆上产生6个等分点,步骤如下。

(1)按4.1.1节所述方法设置点样式,如设置点样式为⊕。

（2）任意绘制一个圆。

（3）在菜单栏中选择"绘图"→"点"→"定数等分"命令，按命令窗口提示选择对象，在此选择刚刚绘制的圆。

（4）在命令窗口中输入定数等分的数量，如输入 6，即在所选的圆上产生了 6 个等分点，如图 4-3 所示。

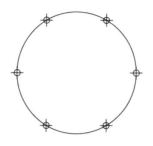

图 4-3　定数等分点示例

4. 定距等分点的绘制方法

定距等分点是在所选对象上按照设置的间距生成点。一般情况下，放置点的顺序是从起点开始的，并且起点随着所选对象的类型变化而变化。由于所选对象的长度不一定完全恰好是设置间距大小的倍数，因此等分对象的最后一段距离或长或短。同样地，在所选对象上创建的点仅是标明定距等分点的位置，并不是将对象实际等分为单独对象，这些等分点可作为绘制图形的参考点。

4.2　线段的绘制

4.2.1　一般直线段的绘制方法

一般直线段的绘制方法如下。

方法一：在命令窗口中输入命令 LINE。

方法二：单击"绘图"工具栏中的"绘制直线段"按钮。

方法三：在菜单栏中选择"绘图"→"直线"命令。

执行上述命令后，打开如图 4-4 所示的命令窗口。命令窗口首先提示"指定第一个点"，这时可在绘图窗口中选择任意点，也可以精确地指定某一个点的位置坐标[如（100，200）]，完成直线段的第一个点后，命令窗口又提示"指定下一个点"，同样可以在绘图窗口中选择任意的下一个点，也可以精确地指定下一个点的位置坐标[如（@300，300）]。此时，一条直线段就完成了，这时命令窗口继续提示"指定下一个点"，再指定一个点后，又绘制了一条直线段。若想继续绘制直线段，则继续指定下一个点就可以；若要取消上一次绘制的直线段，则在命令窗口中输入放弃命令 U，连续多次输入 U，则会删除多条已经绘制的直线段；若要结束直线段绘制，则按回车键、空格键或 Esc 键即可。

图 4-4　绘制直线段的命令窗口提示

另外，还可以使用对象捕捉模式和正交模式精确绘制线段。例如，在绘制直线段的过程中，打开对象捕捉模式后，就可以通过捕捉到已有图形上的一些特征点（如端点、圆心、切点等）完成线段的绘制。如图 4-5 所示，分别通过线段的端点 1 和端点 2 与圆心连接绘制两条线段。当打开对象捕捉模式并设置"端点"和"中点"为特征点后，当光标接近这些特征点时便自动捕捉这些特征点，通过捕捉这些特征点可以很方便地完成线段的绘制。当打开正交模式后，只能绘制水平线和垂直线，这也是提高绘图效率的方法之一。

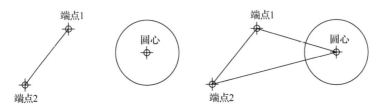

图 4-5　通过捕捉特征点绘制线段示例

4.2.2　多段线的绘制方法

通过多段线绘制的图形是一个整体，可由直线段、圆弧段或两者的组合线段组成。绘制多段线的方法如下。

方法一：在命令窗口中输入命令 PLINE。

方法二：单击"绘图"工具栏中的"绘制多段线"按钮 。

方法三：在菜单栏中选择"绘图"→"多段线"命令。

执行上述操作后，按命令窗口的提示可完成由直线段与直线段或直线段与圆弧段组成的多段线，如图 4-6 所示。

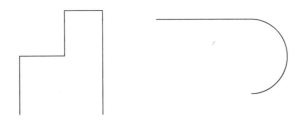

图 4-6　多段线绘制示例

4.3 矩形及正多边形的绘制

4.3.1 矩形的绘制方法

在 AutoCAD 中，用户可以通过定义两个对角点的方法来绘制矩形，并且可以设置矩形的圆角、倒角和厚度等参数。

绘制矩形的方法如下。

方法一：在命令窗口中输入命令 RECTANG。

方法二：单击"绘图"工具栏中的"绘制矩形"按钮□。

方法三：在菜单栏中选择"绘图"→"矩形"命令。

执行上述操作后，在命令窗口中显示如图 4-7 所示的提示信息。各选项的含义如下。

图 4-7 绘制矩形命令窗口

默认状态是"指定第一个角点"，在绘图窗口中指定一个角点后，然后指定矩形的另一个角点完成矩形的绘制，另一个角点可通过相对坐标方式指定。

"倒角（C）"是绘制带倒角的矩形。在当前命令窗口中输入 C，然后按照提示输入第一个倒角的距离和第二个倒角的距离，再指定第一个角点和第二个角点，即可完成矩形的绘制。其中，第一个倒角的距离指沿 X 轴方向（长度方向）的距离，第二个倒角的距离指沿 Y 轴方向（宽度方向）的距离。

"标高（E）"一般用于三维绘图中。在命令窗口中输入 E，并输入矩形的标高，然后指定第一个角点和第二个角点，即可完成矩形的绘制。

"圆角（F）"用于绘制带圆角的矩形。在命令窗口中输入 F，并输入圆角半径值，然后指定第一个角点和第二个角点即可完成矩形的绘制。

"厚度（T）"用于绘制具有厚度特征的矩形。在命令窗口中输入 T，并输入厚度参数值，然后指定第一个角点和第二个角点，即可完成矩形的绘制。

"宽度（W）"用于绘制具有宽度特征的矩形。在命令窗口中输入 W，并输入宽度参数值，然后指定第一个角点和第二个角点，即可完成矩形的绘制。

选择以上不同的选项可获得不同的矩形效果，但都必须指定第一个角点和第二个角点以确定矩形的尺寸大小。执行了倒角、圆角选项后的矩形效果如图 4-8 所示。

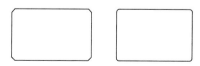

图 4-8 执行了倒角、圆角选项后的矩形效果

4.3.2 正多边形的绘制方法

AutoCAD 提供了正多边形的绘制命令，可以快速绘制 3~334 边的正多边形，常用的有等边三角形、正方形、正六边形等。

绘制正多边形的方法如下。

方法一：在命令窗口中输入命令 POLYGON。

方法二：单击"绘图"工具栏中的"绘制多边形"按钮 。

方法三：在菜单栏中选择"绘图"→"多边形"命令。

执行上述操作后，在命令窗口中输入多边形的数目，然后按提示选择通过什么方式绘制多边形。系统提供了三种方式，包括"内接圆（I）""外切圆（C）""边（E）"，均可实现正多边形的绘制。

4.4 圆的绘制

圆和圆弧的绘制

4.4.1 绘制圆命令的输入方法

AutoCAD 提供了以下三种绘制圆命令的输入方法。

方法一：在命令窗口中输入命令 CIRCLE（或简写为 C）。

方法二：单击"绘图"工具栏中的"绘制圆"按钮 。

方法三：在菜单栏中选择"绘图"→"圆"命令。

执行上述操作后，可按命令窗口的提示完成圆的绘制。

4.4.2 圆的绘制方法

根据圆的形成原理，AutoCAD 提供了以下 6 种绘制圆的方法。

1. 通过指定圆心和半径绘制圆

执行绘制圆命令后，在命令窗口中显示如图 4-9 所示的提示信息。默认状态是"指定圆的圆心"，如指定圆心坐标为（500,500）后按回车键，提示"指定圆的半径"，如指定圆的半径为 300 后按回车键，即可完成圆心坐标为（500,500）、半径为 300 的圆的绘制。

图 4-9 通过指定圆心和半径绘制圆

2. 通过指定圆心和直径绘制圆

执行绘制圆命令后，命令窗口提示"指定圆的圆心"，如指定圆心坐标为（500,500）后按回车键，提示"指定圆的半径或[直径（D）]"，输入 D 后按回车键，提示"指定圆的直径"，如输入圆的直径为 1200 后按回车键，即可完成圆心坐标为（500,500）、直径为 1000 的圆的绘制，如图 4-10 所示。圆心既可以在绘图窗口中单击任意点指定，也可以在命令窗口中输入圆心坐标值精确地指定圆心的位置。

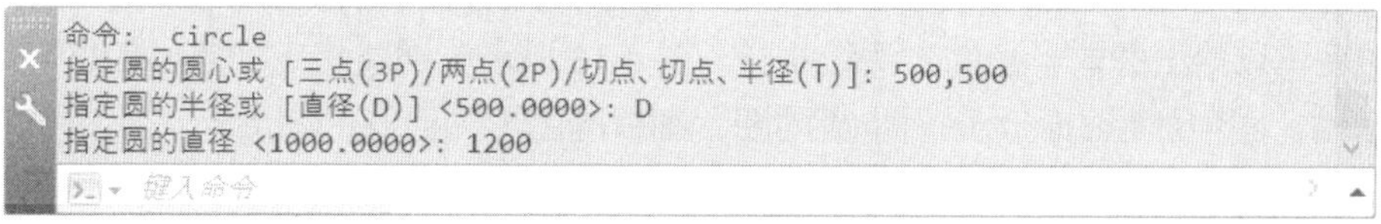

```
命令：_circle
指定圆的圆心或 [三点(3P)/两点(2P)/切点、切点、半径(T)]: 500,500
指定圆的半径或 [直径(D)] <500.0000>: D
指定圆的直径 <1000.0000>: 1200
```

图 4-10　通过指定圆心和直径绘制圆

3. 通过指定三点绘制圆

执行绘制圆命令后，在命令窗口中输入 3P 后按回车键，按提示依次指定圆上的第一个点、圆上的第二个点和圆上的第三个点，如图 4-11 所示。同样地，这三个点既可以分别在绘图窗口中单击任意点指定，也可以在命令窗口中输入点坐标精确地指定。通过指定三点绘制圆，实际上是指定圆周上的三个点，由三点可以生成唯一的圆。

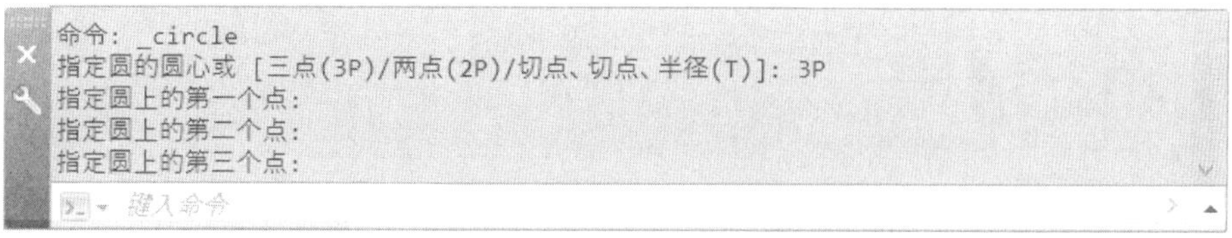

```
命令：_circle
指定圆的圆心或 [三点(3P)/两点(2P)/切点、切点、半径(T)]: 3P
指定圆上的第一个点：
指定圆上的第二个点：
指定圆上的第三个点：
```

图 4-11　通过指定三点绘制圆

4. 通过指定两点绘制圆

执行绘制圆命令后，在命令窗口中输入 2P 后按回车键，提示"指定圆直径的第一个端点"，如输入圆直径的第一个端点坐标为（100,100）后按回车键，提示"指定圆直径的第二个端点"，如输入圆直径的第二个端点坐标为（500,500）后按回车键，即可在绘图窗口中生成一个圆，如图 4-12 所示。这个圆的直径为点（100,100）至点（500,500）之间的距离。通过指定两点绘制圆，实际上是通过指定两个点确定圆的直径。同样地，确定圆直径的两个点既可以分别在绘图窗口中单击任意点指定，也可以在命令窗口中输入点坐标精确地指定。

图 4-12 通过指定两点绘制圆

5. 通过指定切点、切点、半径绘制圆

通过指定切点、切点、半径绘制圆，采用这种方法必须先有能够与圆相切的两个对象，然后再以给出圆的半径的方法绘制圆。图 4-13 所示为通过指定切点、切点、半径绘制圆示例，图中加粗的圆为最后生成的圆，细线的图形为已有的图形。

图 4-13 通过指定切点、切点、半径绘制圆示例

执行绘制圆命令后，按命令窗口的提示输入 T 后按回车键，按提示依次指定对象与圆的第一个切点、对象与圆的第二个切点，再指定圆的半径，即可完成圆的绘制，如图 4-14 所示。

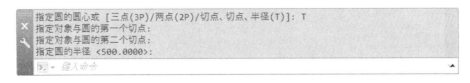

图 4-14 通过指定切点、切点、半径绘制圆

6. 通过指定切点、切点、切点绘制圆

图 4-15 所示为通过指定切点、切点、切点绘制圆示例，图中加粗的圆为最后生成的圆，细线的图形为已有的图形。

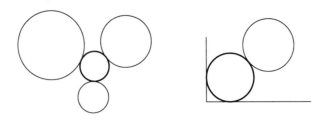

图 4-15 通过指定切点、切点、切点绘制圆示例

在菜单栏中选择"绘图"→"圆"→"相切、相切、相切（A）"命令，在命令窗口中显示如图 4-16 所示的提示，依次指定圆上的第一个切点、圆上的第二个切点、圆上的第三个切点，即可完成圆的绘制。

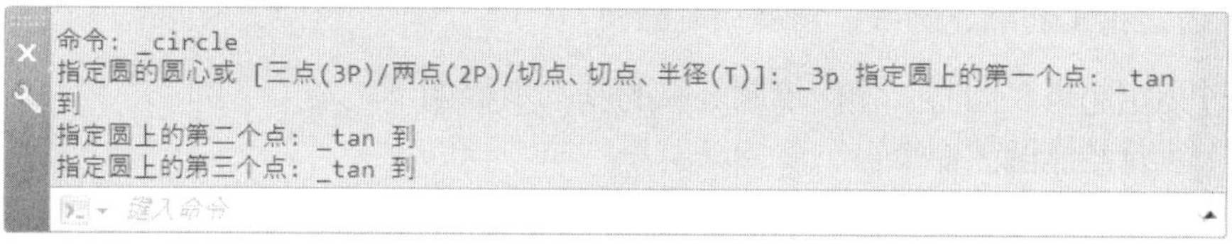

图 4-16　通过指定切点、切点、切点绘制圆

4.5　圆弧的绘制

4.5.1　绘制圆弧命令的输入方法

AutoCAD 提供了以下三种绘制圆弧命令的输入方法。
方法一：在命令窗口中输入命令 ARC（或简写为 A）。
方法二：单击"绘图"工具栏中的"绘制弧"按钮。
方法三：在菜单栏中选择"绘图"→"圆弧"命令。
执行上述操作后，按命令窗口的提示完成圆弧的绘制。

4.5.2　圆弧的绘制方法

AutoCAD 提供了以下 11 种绘制圆弧的方法。

1. 通过指定三点绘制圆弧

通过指定三点绘制圆弧的基本步骤如下。
（1）通过 4.5.1 节所述的方法执行绘制圆弧命令（下同）。
（2）指定圆弧的起点：单击绘图窗口中任意一点作为起点，也可以指定起点的坐标。
（3）指定圆弧的第二点：单击绘图窗口中任意一点作为第二点，也可以指定第二点的坐标。
（4）指定圆弧的端点：单击绘图窗口中任意一点作为末端点，也可以指定末端点的坐标，系统自动生成一段圆弧。

2. 通过指定起点、圆心、端点绘制圆弧

通过指定起点、圆心、端点绘制圆弧的基本步骤如下。
（1）执行绘制圆弧命令。
（2）指定圆弧的起点：单击绘图窗口中任意一点作为起点，也可以指定起点的坐标。

（3）指定圆弧的圆心：单击绘图窗口中任意一点作为圆心，也可以指定圆心的坐标。

（4）指定圆弧的端点：单击绘图窗口中任意一点作为圆弧的末端点，也可以指定末端点的坐标，系统自动生成一段圆弧。

3. 通过指定起点、圆心、角度绘制圆弧

通过指定起点、圆心、角度绘制圆弧的基本步骤如下。

（1）执行绘制圆弧命令。

（2）指定圆弧的起点：单击绘图窗口中任意一点作为起点，也可以指定起点的坐标。

（3）指定圆弧的圆心：单击绘图窗口中任意一点作为圆心，也可以指定圆心的坐标。

（4）指定夹角：单击绘图窗口中任意一点，确定圆弧的夹角，也可以在命令窗口中直接输入圆弧的夹角，系统自动生成一段圆弧。

4. 通过指定起点、圆心、长度绘制圆弧

通过指定起点、圆心、长度绘制圆弧的基本步骤如下。

（1）执行绘制圆弧命令。

（2）指定圆弧的起点：单击绘图窗口中任意一点作为起点，也可以指定起点的坐标。

（3）指定圆弧的圆心：单击绘图窗口中任意一点作为圆心，也可以指定圆心的坐标。

（4）指定弦长：单击绘图窗口中任意一点确定圆弧的弦长，也可以在命令窗口中直接输入弦长，系统自动生成一段圆弧。

5. 通过指定起点、端点、角度绘制圆弧

通过指定起点、端点、角度绘制圆弧的基本步骤如下。

（1）执行绘制圆弧命令。

（2）指定圆弧的起点：单击绘图窗口中任意一点作为起点，也可以指定起点的坐标。

（3）指定圆弧的端点：单击绘图窗口中任意一点作为末端点，也可以指定末端点的坐标。

（4）指定夹角：单击绘图窗口中任意一点确定圆弧的夹角，也可以在命令窗口中直接输入圆弧的夹角，系统自动生成一段圆弧。

6. 通过指定起点、端点、方向绘制圆弧

通过指定起点、端点、方向绘制圆弧的基本步骤如下。

（1）执行绘制圆弧命令。

（2）指定圆弧的起点：单击绘图窗口中任意一点作为起点，也可以指定起点的坐标。

（3）指定圆弧的端点：单击绘图窗口中任意一点作为末端点，也可以指定末端点的坐标。

（4）指定圆弧起点的相切方向：单击绘图窗口中任意一点确定起点与圆弧相切的方向，系统自动生成一段圆弧。

7. 通过指定起点、端点、半径绘制圆弧

通过指定起点、端点、半径绘制圆弧的基本步骤如下。

（1）执行绘制圆弧命令。

（2）指定圆弧的起点：单击绘图窗口中任意一点作为起点，也可以指定起点的坐标。

（3）指定圆弧的端点：单击绘图窗口中任意一点作为末端点，也可以指定末端点的坐标。

（4）指定圆弧的半径：单击绘图窗口中任意一点确定圆弧的半径，也可以在命令窗口中直接输入圆弧的半径，系统自动生成一段圆弧。

8. 通过指定圆心、起点、端点绘制圆弧

通过指定圆心、起点、端点绘制圆弧的基本步骤如下。

（1）执行绘制圆弧命令。

（2）指定圆弧的圆心：单击绘图窗口中任意一点作为圆心，也可以指定圆心的坐标。

（3）指定圆弧的起点：单击绘图窗口中任意一点作为圆弧的起点，也可以指定起点的坐标。

（4）指定圆弧的端点：单击绘图窗口中任意一点确定圆弧的末端点，也可以指定末端点的坐标，系统自动生成一段圆弧。

9. 通过指定圆心、起点、角度绘制圆弧

通过指定圆心、起点、角度绘制圆弧的基本步骤如下。

（1）执行绘制圆弧命令。

（2）指定圆弧的圆心：单击绘图窗口中任意一点作为圆心，也可以指定圆心的坐标。

（3）指定圆弧的起点：单击绘图窗口中任意一点作为圆弧的起点，也可以指定起点的坐标。

（4）指定夹角：单击绘图窗口中任意一点确定圆弧的夹角，也可以在命令窗口中直接输入圆弧的夹角，系统自动生成一段圆弧。

10. 通过指定圆心、起点、长度绘制圆弧

通过指定圆心、起点、长度绘制圆弧的基本步骤如下。

（1）执行绘制圆弧命令。

（2）指定圆弧的圆心：单击绘图窗口中任意一点作为圆心，也可以指定圆心的坐标。

（3）指定圆弧的起点：单击绘图窗口中任意一点作为圆弧的起点，也可以指定起点的坐标。

（4）指定弦长：单击绘图窗口中任意一点确定圆弧的弦长，也可以在命令窗口中直接输入弦长，系统自动生成一段圆弧。

11. 通过"继续"方法绘制圆弧

该方法是以最后一次绘制的线段或圆弧过程中确定的最后一点作为新圆弧的起点，并以最后所绘制线段的方向，或圆弧末端点处的切线方向为新圆弧的方向，然后指定另一个末端点来确定一段圆弧。方法是：单击"绘图"→"继续"命令，系统自动选择最后一次绘制的线段或圆弧的末端点作为新圆弧的起点，此时仅需要指定新圆弧的末端点便可自动生成一段圆弧。

采用上述 11 种方法绘制圆弧的效果如图 4-17 所示。

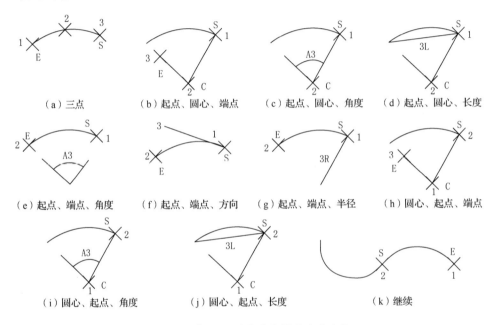

图 4-17 采用 11 种方法绘制圆弧的效果

4.6 图案填充

在绘制物流设施（物流园区、物流中心、配送中心或仓库等）总体布局方案图和物流装备产品设计图时，通常需要对物流设施的功能区域用不同的颜色或图案进行填充，以表达不同的含义。需要填充的图形对象必须是封闭的，且作为边界的对象在当前图层上必须全部可见。在进行图案填充时，把位于填充区域内的封闭区称为孤岛。在使用图案填充命令 HATCH 时，系统允许用户以拾取点的方式确定填充的边界，即在希望填充的区域内任意拾取一点，系统会自动确定填充边界，同时也确定该边界内的孤岛。如果用户通过选择对象的方式确定填充边界，则必须确切地选择这些孤岛。

4.6.1 图案填充的方法和步骤

图案填充的方法如下。

方法一：在命令窗口中输入命令 HATCH（或简写为 H）。

方法二：单击"绘图"工具栏中的"图案填充"按钮或"渐变色"按钮。

方法三：在菜单栏中选择"绘图"→"图案填充"或"渐变色"命令。

执行上述操作后，打开"图案填充和渐变色"对话框，如图 4-18 所示。首先对图案填充的类型和颜色进行设置，然后选择边界确定方式，如通过"添加：拾取点"或"添加：选择对象"选择要填充图案的图形对象，最后单击"确定"按钮结束图案填充操作。

图 4-18　"图案填充和渐变色"对话框

4.6.2 图案填充的操作选项

在"图案填充"选项卡中可以对要填充的图案进行设置，有"预定义"和"自定义"两种图案填充类型，用户既可以根据需要选择需要填充的预定义的图案类型和颜色，也可以通过用户自定义的方式添加自己设计的图案。在"渐变色"选项卡中可以设置渐变颜色的填充。

"角度和比例"选项组提供了图案填充的角度和图案填充的比例大小，用户可视具体情况进行设置。

"边界"选项组提供了两种确定填充对象边界的方法，一是通过"添加：拾取点"的方式，二是通过"添加：选择对象"的方式。"添加：拾取点"方式是通过单击封闭区域内的点确定填充对象边界；"添加：选择对象"方式是通过选择对象所形成的封闭区域确定填充对象边界。

"图案填充原点"选项组用于指定图案填充时的原点位置，如选择"指定的原点"单选按钮可设置图案填充时的原点位置。

4.6.3 编辑填充的图案

对填充的图案进行编辑的方法如下。

方法一：在命令窗口中输入命令 HATCHEDIT（或简写为 HE）。

方法二：在菜单栏中选择"修改"→"对象"→"图案填充"命令。

执行上述操作后，打开"图案填充编辑"对话框，如图 4-19 所示。利用该对话框可对已填充的图案进行编辑修改。

图 4-19 "图案填充编辑"对话框

本章小结

本章介绍了绘制平面图形的基本方法,主要包括坐标的输入方式,点的样式设置与绘制点的方法,绘制直线、矩形、多边形、圆与圆弧的方法,以及对图形对象进行图案填充的方法。通过对本章的学习,学生能够依据国家标准综合运用各种绘图方法完成二维平面图形的绘制任务。

本章习题

1. 简答题

(1) AutoCAD 提供了哪些点的坐标输入方法?
(2) AutoCAD 命令的基本输入方法有哪些?
(3) 说明绘制直线段的具体方法。
(4) AutoCAD 提供了哪些绘制圆的方法?
(5) 说明绘制矩形的具体方法。
(6) AutoCAD 提供了哪些绘制圆弧的方法?

2. 上机实训

(1) 坐标输入与直线绘制。使用不同的坐标输入方法和不同的绘制直线方法精确地绘制如图 4-20 所示的平面图形,并详细说明绘制步骤。

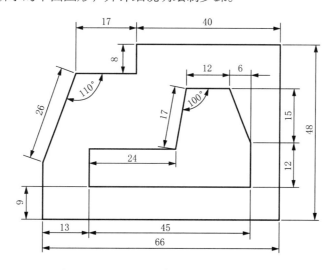

图 4-20 坐标输入与直线绘制上机实训用图

（2）绘制圆与圆弧。分析如图 4-21 所示平面图形中的尺寸类型，利用本章所学的绘制圆与圆弧的方法精确地绘制该平面图形，并详细说明绘制步骤。

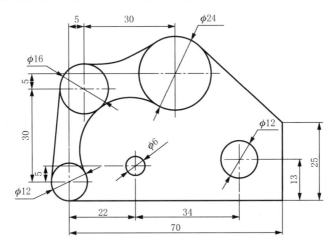

图 4-21　绘制圆与圆弧上机实训用图

（3）综合实训。分析如图 4-22 所示平面图形中的尺寸类型，综合利用本章所学的基本绘图命令精确地绘制该平面图形，并详细说明绘制步骤。

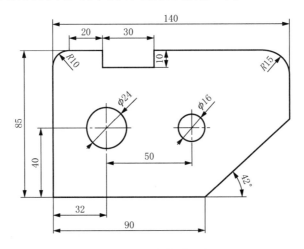

图 4-22　综合实训用图

第 5 章
物流工程CAD常用编辑命令

📦【教学目标】

（1）掌握图形选择方式的使用方法。
（2）掌握图形复制、镜像、偏移和阵列命令的使用方法。
（3）掌握图形移动、旋转和对齐命令的使用方法。
（4）掌握修剪、延伸、缩放、拉伸、拉长、圆角和倒角命令的使用方法。
（5）能灵活运用常用的编辑命令快速完成物流工程平面图形的绘制任务。

📦【导入案例】

请仔细观察图 5-1 所示图形并认真思考以下问题：（1）该图形的结构有何基本特征？（2）在绘制图形过程中会用到哪些基本绘图命令？（3）图形绘制的基本思路与绘图步骤

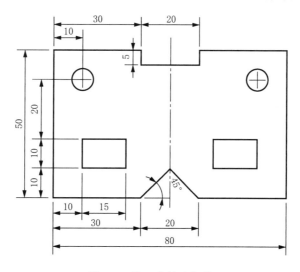

图 5-1　导入案例示意图

是什么？（4）绘制图形过程中如何修改编辑图形元素？（5）常用的图形编辑命令有哪些？如何使用这些编辑命令？

基于上述问题，本章主要介绍物流工程 CAD 制图中常用的编辑命令，学习并灵活运用这些编辑命令，可以大大提高绘图效率。根据 AutoCAD 软件绘图命令的特点可以将编辑命令分为选择命令、复制类命令、改变位置类命令和改变几何特性类命令。其中，复制类命令主要包括复制、镜像、偏移和阵列命令；改变位置类命令主要包括移动、旋转和对齐命令；改变几何特性类命令主要包括修剪、延伸、缩放、拉伸、拉长、圆角和倒角命令。

5.1　图形选择的方式

通常情况下，图形编辑之前要选择编辑的图形对象，本节对常用的图形选择方法进行简要说明。

5.1.1　单击选择方式

通过鼠标左键单击图形对象，每单击一次就选择一个图形对象，可以逐个连续地单击选择多个图形对象。被选中的图形对象其颜色变为蓝色，且每个被选中的图形对象上均显示多个蓝色的小正方形，这些蓝色的小正方形称为夹点。如图 5-2 所示，被选中的圆和一条线段变为蓝色并显示多个夹点，通过这些夹点可以对图形进行编辑操作。

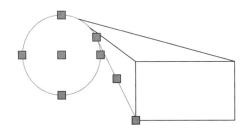

图 5-2　单击选择方式示意图

5.1.2　框选与交叉选择方式

框选方式是在图形的左上角单击一点，在右下角再单击一点，通过两点形成的矩形实线框进行选择的方法。采用这种方法时，只有被矩形实线框完全包围的图形对象被选中。与框选方式类似，按住鼠标左键从左向右拖动即可拉出一个实线框，被该实线框完全包围的图形对象被选中，这种方式称为实线套索选择方式。

第 5 章
物流工程 CAD 常用编辑命令

交叉选择方式是在图形的右边单击一点，往左再单击一点，此时通过两点形成了一个虚线的矩形框。采用这种方法时，只要被矩形虚线框接触到的图形对象全部被选中，被选中的图形对象变为蓝色并显示夹点。与交叉选择方式类似，按住鼠标左键从右向左拖动即可拉出一个虚线框，与该虚线框接触的图形对象全部被选中，这种方式称为虚线套索选择方式。

5.1.3 菜单栏选择方式

选择菜单栏中的"编辑"→"全部选择"命令，则绘图窗口中的所有图形对象都被选中；也可以通过快捷键方式进行快速选择，按 Ctrl+A 组合键，则绘图窗口中的所有图形对象也都被选中。

采用以上方法执行选择命令后，被选中的图形对象显示为蓝色同时显示夹点。只有被选中的图形对象才可以进行下一步的编辑操作，按 Esc 键可以取消选择操作。

5.2 复制类命令

AutoCAD 提供的复制类命令包括复制、镜像、偏移和阵列命令。下面介绍这几个命令的使用方法。

5.2.1 复制命令

复制命令的输入方法如下。

方法一：在命令窗口中输入命令 COPY（或简写为 CO）。
方法二：在菜单栏中选择"修改"→"复制"命令。
方法三：单击"编辑"工具栏中的"复制"按钮。

执行上述操作后，按命令窗口中的提示完成复制操作，如图 5-3 所示。

图 5-3 复制命令的操作提示

复制命令各选项的含义说明如下。
（1）指定基点：执行复制命令后，命令窗口中提示"指定基点"，在绘图窗口指定一个坐标作为复制对象的基点后,命令窗口继续提示"指定第二个点",在绘图窗口中指定第二个点后,系统将按这两个点确定的位移矢量将图形对象复制到第二个点指定的位置处。指定第二个点的方法有两种,一是通过鼠标在绘图窗口中单击指定,二是通过输入相对坐标指定相对于第一个点的坐标。当系统提示指定第二个点时,可以连续多次指定第二个点,从而实现多重复制。

(2)模式(O):设置复制的模式,可单个复制或多个复制。

(3)位移(D):直接输入位移值,表示被选择对象移动的值。

5.2.2 镜像命令

镜像是把选择的图形对象以某一条直线为对称轴进行复制,也就是说,凡是对称的图形都可以用镜像命令来实现。在执行镜像操作的过程中,既可以保留源对象,也可以删除源对象。镜像命令的输入方法如下。

方法一:在命令窗口中输入命令 MIRROR(或简写为 MI)。

方法二:在菜单栏中选择"修改"→"镜像"命令。

方法三:单击"编辑"工具栏中的"镜像"按钮 。

执行上述操作后,按命令窗口中的提示完成镜像操作,如图 5-4 所示。首先选择要镜像的图形对象,然后按提示指定镜像线的第一个点和第二个点,则系统将以指定的两个点为对称轴进行镜像操作,最后选择是否保留源对象,完成镜像操作。

```
命令: MI MIRROR
选择对象: 找到 1 个
选择对象:
指定镜像线的第一点:
指定镜像线的第二点:
MIRROR 要删除源对象吗?[是(Y) 否(N)] <否>:
```

图 5-4 镜像命令的操作提示

5.2.3 偏移命令

偏移是把选择的图形对象按指定的距离和方向进行平行地复制。偏移命令的输入方法如下。

方法一:在命令窗口中输入命令 OFFSET(或简写为 O)。

方法二:在菜单栏中选择"修改"→"偏移"命令。

方法三:单击"编辑"工具栏中的"偏移"按钮 。

执行上述操作后,按命令窗口中的提示完成偏移操作,如图 5-5 所示。首先指定偏移的距离,然后选择要偏移的对象,最后指定偏移的方向。

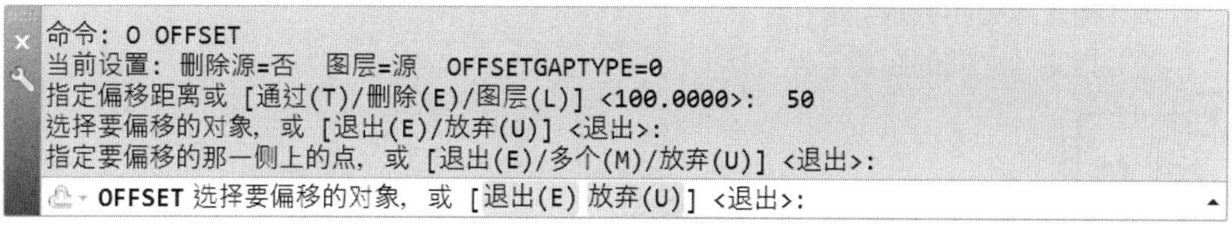

```
命令: O OFFSET
当前设置: 删除源=否   图层=源   OFFSETGAPTYPE=0
指定偏移距离或 [通过(T)/删除(E)/图层(L)] <100.0000>: 50
选择要偏移的对象, 或 [退出(E)/放弃(U)] <退出>:
指定要偏移的那一侧上的点, 或 [退出(E)/多个(M)/放弃(U)] <退出>:
OFFSET 选择要偏移的对象, 或 [退出(E) 放弃(U)] <退出>:
```

图 5-5　偏移命令的操作提示

偏移命令各选项的含义说明如下。

（1）指定偏移距离：指定图形对象要偏移的距离，输入偏移距离值并按回车键后，系统按指定的距离进行偏移。

（2）通过（T）：图形对象按指定的点进行偏移，即偏移后的图形对象通过了指定的点。

（3）删除（E）：图形对象偏移后删除源对象。选择该选项后，提示"要在偏移后删除源对象吗？[是（Y）否（N）]"，默认为"否"，若输入 Y，则执行偏移命令后将源对象删除。

（4）图层（L）：指定将偏移对象创建在哪个图层上。

（5）多个（M）：使用指定的偏移距离重复进行多个偏移操作。

在实际应用中，偏移命令常用来创建平行线或等距离的分布图形。

5.2.4　阵列命令

阵列是把选择的图形对象按指定的方法进行等距离的排列。阵列命令的输入方法如下。

方法一：在命令窗口中输入命令 ARRAY（或简写为 AR）。

方法二：在菜单栏中选择"修改"→"阵列"命令。

方法三：单击"编辑"工具栏中的"阵列"按钮。

系统提供了三种阵列类型：矩形阵列、路径阵列和环形阵列。矩形阵列是按指定的行数、列数和间距进行阵列，阵列后的图形是一个矩形；路径阵列是将选择的图形对象均匀地分布到指定的路径上；环形阵列也称极轴阵列，是将选择的图形对象围绕指定的中心点或旋转轴进行环形阵列。下面以矩形阵列为例，讲解阵列的基本操作步骤。

（1）执行阵列命令。

（2）选择阵列图形对象。

（3）指定阵列类型，如在命令窗口中输入 R，即选择矩形阵列，则下一步需要指定阵列的行数和列数。

（4）指定阵列的行数，在命令窗口中输入 R，输入行数值。

（5）指定行之间的距离。

（6）指定阵列的列数。
（7）指定列之间的距离。

改变位置类命令

5.3 改变位置类命令

AutoCAD 提供了各种用于改变图形对象位置的命令，主要包括移动、旋转和对齐命令。

5.3.1 移动命令

移动是在指定方向上按指定距离移动对象。移动命令的输入方法如下。
方法一：在命令窗口中输入命令 MOVE（或简写为 M）。
方法二：在菜单栏中选择"修改"→"移动"命令。
方法三：单击"编辑"工具栏中的"移动"按钮 ✤。
执行上述操作后，按命令窗口中的提示完成移动操作，基本操作步骤如下。
（1）选择需要移动的对象。
（2）指定移动对象的基点或位移。
（3）指定第二个点确定图形对象移动的位置。

当选中图形对象后，图形对象上会出现蓝色的夹点，选中中间的夹点并按住拖动也可以实现图形对象的移动。

5.3.2 旋转命令

旋转是将选中的图形对象旋转一个角度。旋转命令的输入方法如下。
方法一：在命令窗口中输入命令 ROTATE（或简写为 RO）。
方法二：在菜单栏中选择"修改"→"旋转"命令。
方法三：单击"编辑"工具栏中的"旋转"按钮 ↻。
执行上述操作后，按命令窗口中的提示完成旋转操作（图 5-6），基本操作步骤如下。
（1）指定要旋转的图形对象。
（2）指定旋转的参考点。
（3）输入旋转的角度。

需要注意的是，输入旋转角度时，以 X 轴正方向为 0°，逆时针方向旋转为正，顺时针方向旋转为负。当指定旋转角度时，系统提示"指定基点"，即需要指定图形旋转的基准点；指定基准点后，提示"指定旋转角度，或[复制（C）/参照（R）]"，此时直接输入需要旋转的角度，完成图形的旋转操作。若在指定旋转角度前，先选择"复制（C）"

选项，则在旋转对象的同时保留源对象；若在指定旋转角度前，先选择"参照（R）"选项，则提示"指定参照角（0）"，指定旋转的参照角度，默认值为 0°，或者输入其他角度，或者"指定新角度或[点（P）]"，此时输入旋转角度，则图形以默认角度或指定的其他角度为基准按指定的角度进行旋转。

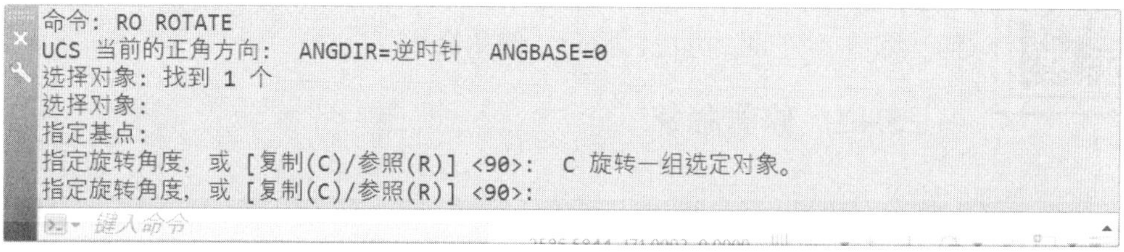

```
命令: RO ROTATE
UCS 当前的正角方向：ANGDIR=逆时针  ANGBASE=0
选择对象：找到 1 个
选择对象：
指定基点：
指定旋转角度，或 [复制(C)/参照(R)] <90>:  C 旋转一组选定对象。
指定旋转角度，或 [复制(C)/参照(R)] <90>:
```

图 5-6　旋转命令的操作提示

5.3.3　对齐命令

对齐可同时移动、旋转一个图形对象，实现与指定对象对齐，还可通过选择基于对齐点缩放对象改变图形对象的大小。对齐命令的输入方法如下。

方法一：在命令窗口中输入命令 ALIGN（或简写为 AL）。

方法二：在菜单栏中选择"修改"→"三维操作"→"对齐"命令。

执行上述操作后，按命令窗口中的提示完成对齐操作（图 5-7），基本操作步骤如下。

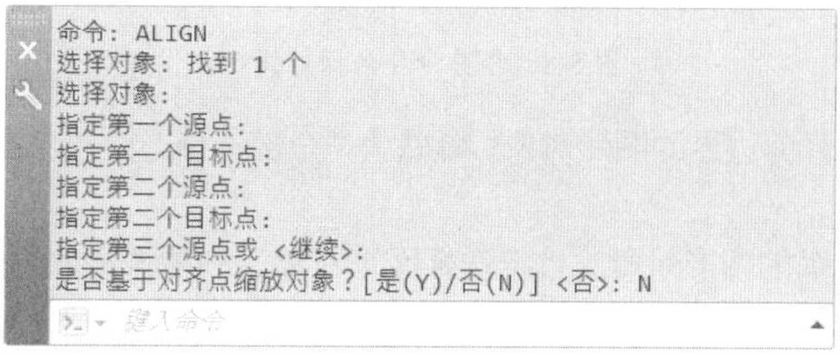

```
命令: ALIGN
选择对象：找到 1 个
选择对象：
指定第一个源点：
指定第一个目标点：
指定第二个源点：
指定第二个目标点：
指定第三个源点或 <继续>:
是否基于对齐点缩放对象？[是(Y)/否(N)] <否>: N
```

图 5-7　对齐命令的操作提示

（1）选择需要对齐的图形对象。

（2）指定要对齐对象的第一个源点。

（3）指定需要与第一个源点对齐的目标点。

（4）指定要对齐对象的第二个源点。

（5）指定需要与第二个源点对齐的目标点，此时结束指定操作。

（6）提示"是否基于对齐点缩放对象？"，可选择 Y 或 N。当选择 Y 时，按指定的两个目标点所形成的直线对齐，图形对象在实现对齐的过程中同时进行缩放操作；当选择 N 时，在实现对齐的过程中，图形对象不进行缩放操作。

5.4 改变几何特性类命令

AutoCAD 提供了改变图形对象几何特征的命令，主要包括修剪、延伸、缩放、拉伸、拉长、圆角、倒角命令。

5.4.1 修剪命令

修剪命令的输入方法如下。

方法一：在命令窗口中输入命令 TRIM（或简写为 TR）。

方法二：在菜单栏中选择"修改"→"修剪"命令。

方法三：单击"编辑"工具栏中的"修剪"按钮。

执行上述操作后，按命令窗口中的提示完成修剪操作（图 5-8），基本操作步骤如下。

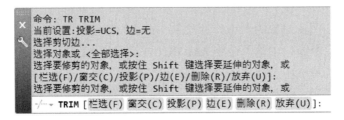

图 5-8 修剪命令的操作提示

（1）选择用于修剪边界的图形对象。默认为"全部选择"，直接按回车键将选择全部图形对象。

（2）选择要修剪的图形对象。直接选择图形对象，则被选择的图形对象被剪掉；如果按住 Shift 键选择，系统会自动将修剪命令转换成延伸命令，被选择的图形对象延伸到边界。在选择修剪或延伸图形对象时，可指定选择方式，如选择"栏选（F）"时，将以栏选的方式选择被修剪或被延伸的图形对象；选择"窗交（C）"时，将以窗交的方式选择被修剪或被延伸的图形对象。

5.4.2 延伸命令

延伸命令的输入方法如下。

方法一：在命令窗口中输入命令 EXTEND（或简写为 EX）。

方法二：在菜单栏中选择"修改"→"延伸"命令。

方法三：单击"编辑"工具栏中的"延伸"按钮。

执行上述操作后，按命令窗口中的提示完成延伸操作（图 5-9），基本操作步骤如下。

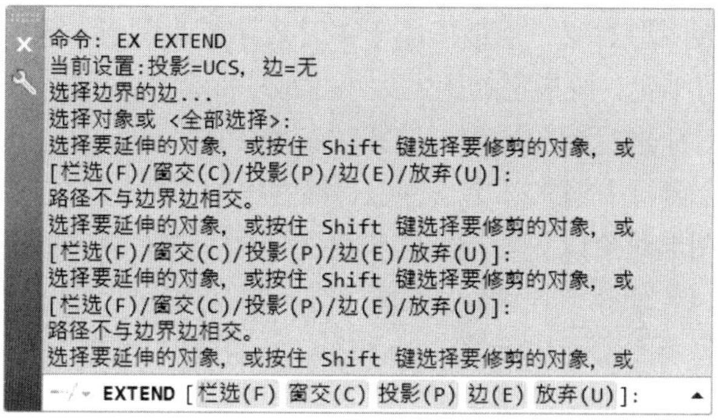

```
命令: EX EXTEND
当前设置:投影=UCS, 边=无
选择边界的边...
选择对象或 <全部选择>:
选择要延伸的对象，或按住 Shift 键选择要修剪的对象，或
[栏选(F)/窗交(C)/投影(P)/边(E)/放弃(U)]:
路径不与边界边相交。
选择要延伸的对象，或按住 Shift 键选择要修剪的对象，或
[栏选(F)/窗交(C)/投影(P)/边(E)/放弃(U)]:
选择要延伸的对象，或按住 Shift 键选择要修剪的对象，或
[栏选(F)/窗交(C)/投影(P)/边(E)/放弃(U)]:
路径不与边界边相交。
选择要延伸的对象，或按住 Shift 键选择要修剪的对象，或
EXTEND [栏选(F) 窗交(C) 投影(P) 边(E) 放弃(U)]:
```

图 5-9 延伸命令的操作提示

（1）选择用于延伸边界的图形对象。默认为"全部选择"，直接按回车键将选择全部图形对象。

（2）选择要延伸的图形对象。直接选择图形对象。则被选择的图形对象被延伸到边界；如果按住 Shift 键选择，系统会自动将延伸命令转换成修剪命令，被选择的图形对象被修剪掉。与修剪命令相同，在选择修剪或延伸图形对象时，可指定选择方式，如选择"栏选（F）"时，将以栏选的方式选择被修剪或被延伸的图形对象；选择"窗交（C）"时，将以窗交的方式选择被修剪或被延伸的图形对象。

5.4.3 缩放命令

缩放可对图形对象进行放大或缩小。缩放命令的输入方法如下。
方法一：在命令窗口中输入命令 SCALE（或简写为 SC）。
方法二：在菜单栏中选择"修改"→"缩放"命令。
方法三：单击"编辑"工具栏中的"缩放"按钮 。
执行上述操作后，按命令窗口中的提示完成缩放操作（图 5-10），基本操作步骤如下。

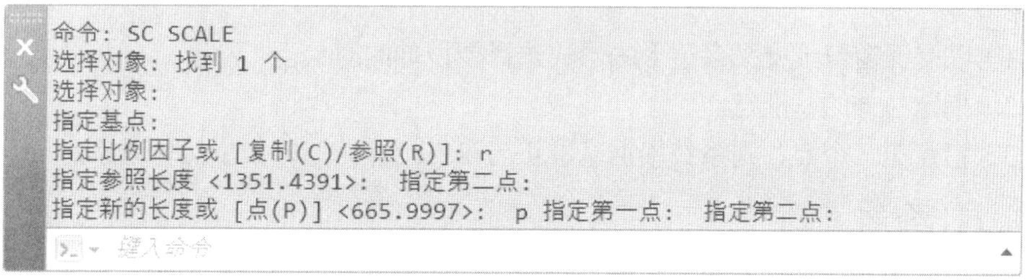

```
命令: SC SCALE
选择对象: 找到 1 个
选择对象:
指定基点:
指定比例因子或 [复制(C)/参照(R)]: r
指定参照长度 <1351.4391>: 指定第二点:
指定新的长度或 [点(P)] <665.9997>: p 指定第一点: 指定第二点:
```

图 5-10 缩放命令的操作提示

（1）选择要缩放的图形对象。
（2）指定缩放图形对象的基准点。
（3）指定比例因子。直接输入比例因子数值，实现对图形对象的放大或缩小，当数

值大于1时表示放大图形对象，当数值小于1时表示缩小图形对象。选择"复制（C）"时，源图形对象保留不变，按指定的比例大小生成一个新的图形对象。选择"参照（R）"时，通过指定参照对象进行缩放操作。选择"参照（R）"后，当提示"指定参照长度"时，可以直接在命令窗口中输入一个长度值，接着提示"指定新的长度"，再输入一个长度值，则被选中的图形对象以先后指定的长度比值大小进行缩放；还可以通过指定点的方式确定缩放比例，当提示"指定参照长度"时，通过选择两点确定要缩放的图形对象，然后选择"点（P）"，系统提示指定第一点和第二点，此时再通过选择两个点后，图形对象自动按指定的新长度进行缩放操作。

5.4.4 拉伸与拉长命令

1. 拉伸命令

拉伸能够将图形对象中的一部分移动或变形，而其余部分保持不变。拉伸命令的输入方法如下。

方法一：在命令窗口中输入命令 STRETCH（或简写为 S）。

方法二：在菜单栏中选择"修改"→"拉伸"命令。

方法三：单击"编辑"工具栏中的"拉伸"按钮。

执行上述操作后，按命令窗口中的提示完成拉伸操作（图 5-11），基本操作步骤如下。

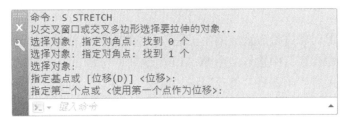

图 5-11　拉伸命令的操作提示

（1）以交叉窗口或交叉多边形的形式选择要拉伸的对象。

（2）指定拉伸的基准点。

（3）指定第二个点，则系统根据基准点与第二个点确定的矢量拉伸对象。

2. 拉长命令

拉长只能够改变图形对象的长度，可用于拉长的图形对象包括直线、弧线等。拉长命令的输入方法如下。

方法一：在命令窗口中输入命令 LENGTHEN（或简写为 LEN）。

方法二：在菜单栏中选择"修改"→"拉长"命令。

执行上述操作后，按命令窗口中的提示完成拉长操作。在执行拉长操作过程中，命令窗口中各选项的含义如下。

（1）增量（DE）：用指定增加量的方法改变图形对象的长度或角度。

（2）百分比（P）：用指定占总长度百分比的方法改变图形对象的长度或角度。

（3）总计（T）：用指定新的总长度或总角度的方法改变图形对象的长度或角度。

（4）动态（DY）：在此模式下，可以使用拖动鼠标的方法来动态地改变图形对象的长度或角度。

5.4.5 圆角与倒角命令

1. 圆角命令

圆角是指用一条指定半径的圆弧平滑地连接两个图形对象。圆角命令的输入方法如下。

方法一：在命令窗口中输入命令 FILLET（或简写为 F）。

方法二：在菜单栏中选择"修改"→"圆角"命令。

方法三：单击"编辑"工具栏中的"圆角"按钮。

执行上述操作后，按命令窗口中的提示完成圆角操作（图 5-12），基本操作步骤如下。

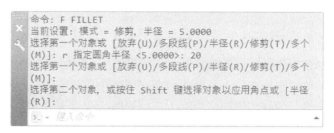

图 5-12 圆角命令的操作提示

（1）设置当前模式为修剪，半径为 5.0。

（2）选择第一个对象或选择其他选项。

（3）选择第二个对象，或按住 Shift 键选择对象以应用角点或半径。

在执行圆角操作过程中，命令窗口中各选项的含义如下。

（1）多段线（P）：根据指定的圆弧半径把多段线的各顶点用圆弧平滑地连接起来。

（2）半径（R）：指定圆角的大小。

（3）修剪（T）：指定在执行圆角操作后是否进行修剪操作。

（4）多个（M）：同时对多个对象进行圆角编辑。

2. 倒角命令

倒角是指用一条斜线连接两条不平行的线段。倒角命令的输入方法如下。

方法一：在命令窗口输入命令 CHAMFER（或简写为 CHA）。

方法二：在菜单栏中选择"修改"→"倒角"命令。
方法三：单击"编辑"工具栏中的"倒角"按钮。
执行上述操作后，按命令窗口中的提示完成倒角操作（图 5-13），基本操作步骤如下。

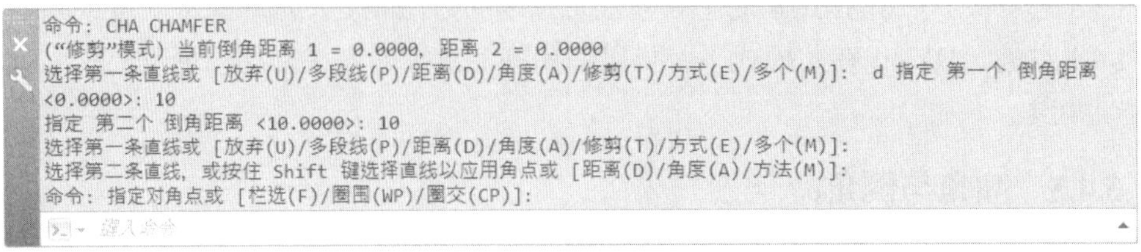

```
命令: CHA CHAMFER
("修剪"模式) 当前倒角距离 1 = 0.0000, 距离 2 = 0.0000
选择第一条直线或 [放弃(U)/多段线(P)/距离(D)/角度(A)/修剪(T)/方式(E)/多个(M)]: d 指定 第一个 倒角距离
<0.0000>: 10
指定 第二个 倒角距离 <10.0000>: 10
选择第一条直线或 [放弃(U)/多段线(P)/距离(D)/角度(A)/修剪(T)/方式(E)/多个(M)]:
选择第二条直线, 或按住 Shift 键选择直线以应用角点或 [距离(D)/角度(A)/方法(M)]:
命令: 指定对角点或 [栏选(F)/圈围(WP)/圈交(CP)]:
```

图 5-13　倒角命令的操作提示

（1）确定倒角的大小，如输入 D，分别按提示指定第一个倒角和第二个倒角的距离。
（2）指定要倒角的第一条边。
（3）指定要倒角的第二条边。

本章小结

本章介绍了编辑图形的常用命令，包括复制类命令、改变位置类命令、改变几何特性类命令。AutoCAD 提供了不同的选择图形对象的方式，包括单击选择方式、框选方式、交叉选择方式和菜单栏选择方式；复制类命令实现对图形对象的复制操作，复制类命令主要包括复制、镜像、偏移和阵列命令；改变位置类命令用于改变图形对象的位置，主要包括移动、旋转和对齐命令；改变几何特性类命令用于改变图形对象的位置和大小等，主要包括修剪、延伸、缩放、拉伸、拉长、圆角和倒角命令。通过对本章的学习，学生能够综合运用各种编辑命令对二维平面图形进行修改。

本章习题

1. 简答题

（1）简要说明选择图形对象的方式。
（2）简述偏移命令的功能及操作方法。
（3）简述镜像命令的功能及操作方法。
（4）简述缩放命令的功能及操作方法。
（5）简述旋转命令的功能和操作方法。
（6）拉伸、拉长与缩放命令有何区别？

2. 上机实训

（1）请分析图 5-14 的结构特征，利用绘图与编辑命令快速完成图形的绘制任务。利用拉伸命令将图形左侧尺寸 30 拉伸到 40，再将图形整体放大 2 倍。请说明图形绘制的基本思路与详细作图步骤。

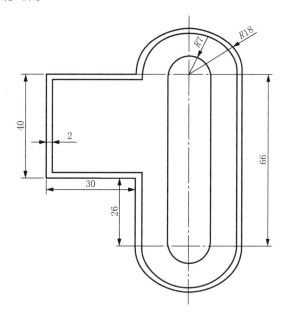

图 5-14　图形绘制与编辑命令实训案例 1

（2）请分析图 5-15 的结构特征，利用绘图与编辑命令快速完成图形的绘制任务。请说明图形绘制的基本思路与详细作图步骤。

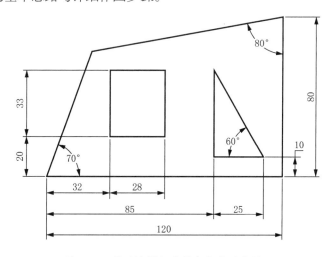

图 5-15　图形绘制与编辑命令实训案例 2

（3）请分析图 5-16 的结构特征，利用绘图与编辑命令快速完成图形的绘制任务。请说明图形绘制的基本思路与详细作图步骤。

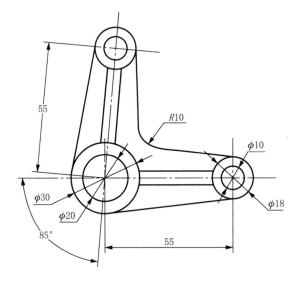

图 5-16　图形绘制与编辑命令实训案例 3

第 6 章
创建文字、表格与尺寸标注的方法

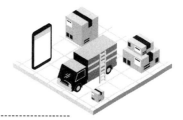

【教学目标】

(1) 掌握图形中文字的输入与编辑方法。
(2) 掌握图形中表格的创建与编辑方法。
(3) 掌握图形尺寸标注的方法与规范要求。

【导入案例】

通过第 4 章与第 5 章的学习,大家利用 AutoCAD 基本绘图命令与编辑命令能够快速精确地绘制物流工程图样。工程图样表示了物流工程项目的形状和尺寸。通常情况下,在工程图样中还需要采用文字和表格对图形对象加以解释和说明。例如,标题栏作为一幅图纸的重要组成部分,通常需要标明图纸名称、图纸编号、设计人员、审核人员、设计单位、绘图比例等基本信息。如图 6-1 所示的标题栏,其字体为仿宋体,文字高度为 3.5mm,颜色为黑色,采用单行文字输入方式,字间距保持默认值。请思考以下问题:(1) 设计这个标题栏有哪些方法?(2) 需要用到哪些 AutoCAD 命令?(3) 标题栏中的文字类型、大小、颜色如何设置?(4) 标题栏的尺寸是如何标注的?(5) 尺寸标注有哪些常用类型?针对上述问题,本章主要介绍文字的输入与编辑、表格的创建及尺寸标注的基本方法,在本书第 2 章中,对文字、尺寸标注等进行了阐述,请大家参照执行。

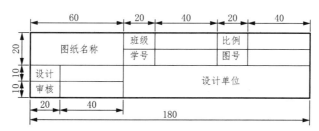

图 6-1　简单的标题栏设计示例

6.1 文字的输入与编辑

在物流工程图样中，需要用文字对设计方案做简要说明，如对设计方案应遵循的相关标准或技术要求等用文字进行说明。AutoCAD 软件提供了文字样式设置、输入文字和对文字进行编辑等功能。

6.1.1 设置文字样式

AutoCAD 软件提供了"文字样式"对话框，通过该对话框可以方便地对文字样式进行设置或修改，如对文字的字体、大小、高度、宽度、倾斜角度等参数进行设置或修改。

设置文字样式命令的输入方法如下。

方法一：在命令窗口中，输入命令 STYLE（或简写为 ST）。

方法二：在菜单栏中选择"格式"→"文字样式"命令。

方法三：单击"文字"工具栏中的"文字样式"按钮 。

执行上述操作后，会打开"文字样式"对话框，如图 6-2 所示。用户可以在该对话框中对文字样式进行调整。

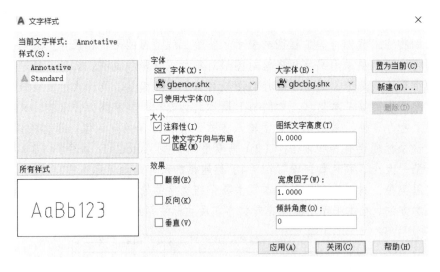

图 6-2 "文字样式"对话框

"文字样式"对话框中各选项的含义如表 6-1 所示。

表 6-1 "文字样式"对话框中各选项的含义

选项	含义
当前文字样式	显示当前正在使用的文字样式
"所有样式"列表框	列出所有的文字样式供用户选择，可对已有的文字样式进行操作，如更改样式名、删除样式等
"字体"选项组	设置字体样式。如果要设置为国家标准字体，可选中"使用大字体"复选框，"SHX 字体"设置为 gbenor.shx，"大字体"设置为 gbcbig.shx
"大小"选项组	设置文字的大小与布局方向。其中，"注释性"复选框用于设置文字样式特性，选中该复选框，则"所有样式"列表框中处于修改状态的文字样式前会增加一个比例尺符号。在绘图比例与打印输出比例不相同的情况下，通过对该复选框的设置来满足图纸打印输出时对图面字符与图形间规范性和一致性的要求
"效果"选项组	选中"颠倒"复选框，表示将文字倒置；选中"反向"复选框，表示将文字反向标注；选中"垂直"复选框，表示将文字垂直标注；"宽度因子"文本框用于设置宽度系数，即设置文字的宽高比，当系数为 1 时，表示按照字体文件中定义的宽高比标注文字，当系数小于 1 时，文字会变窄，反之变宽；"倾斜角度"文本框用于设置文字的倾斜角度，当角度为 0 时不倾斜，当角度为正数时向右倾斜，当角度为负数时向左倾斜
"新建"按钮	创建新的文字样式
"应用"按钮	确认对文字样式的设置

若要新建一个文字样式，可在图 6-2 所示的"文字样式"对话框中，单击"新建"按钮，打开"新建文字样式"对话框，如图 6-3 所示。在"样式名"文本框中输入文字样式名称，如"物流工程 CAD"，单击"确定"按钮，则创建了"物流工程 CAD"文字样式并返回"文字样式"对话框。设置"物流工程 CAD"文字样式的字体、大小、效果等选项后，单击"置为当前"按钮，可将"物流工程 CAD"文字样式置为当前样式，单击"应用"按钮，会将"物流工程 CAD"文字样式应用到所绘制的图形中，单击"关闭"按钮，关闭"文字样式"对话框，完成新建文字样式的任务。

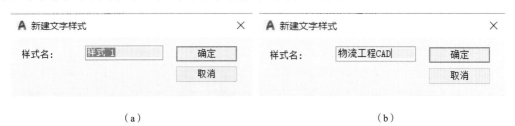

（a） （b）

图 6-3 "新建文字样式"对话框

6.1.2 创建单行文字的方法

单行文字主要用于输入标题、编号等简单的内容。通过单行文字方式输入文字时，每一个单行文字作为一个独立的整体，可以单独对其进行旋转、调整大小等操作。

创建单行文字命令的输入方法如下。

方法一：在命令窗口中，输入命令 TEXT（或简写为 TE）。

方法二：在菜单栏中选择"绘图"→"文字"→"单行文字"命令。

方法三：单击"文字"工具栏中的"单行文字"按钮 。

执行上述操作后，按命令窗口中的提示完成创建单行文字的操作，如图 6-4 所示。其中，"对正（J）"选项用于确定文字的对齐方式，选择该选项后，命令窗口中的提示如图 6-5 所示，用户可根据需要选择具体的对齐方式。

```
命令: _text
当前文字样式："Standard"  文字高度：3.5000  注释性：是  对正：左
指定文字的起点 或 [对正(J)/样式(S)]:
指定文字的旋转角度 <0>:
```

图 6-4　创建单行文字命令的操作提示

```
A - TEXT 指定文字的中间点 或 [对正(J)/样式(S)]: J 输入选项 [左(L) 居中(C) 右(R) 对齐(A)
中间(M) 布满(F) 左上(TL) 中上(TC) 右上(TR) 左中(ML) 正中(MC) 右中(MR) 左下(BL) 中下(BC)
右下(BR)]:
```

图 6-5　"对正（J）"选项的操作提示

以"对齐（A）"选项为例，当用户输入 A 后，系统会要求用户指定单行文字基线的起点与终点位置，用户在绘图窗口中指定起点与终点位置后，输入的文字将均匀地分布在指定的两点之间。如果两点的连线是倾斜的，则文字以指定的角度倾斜放置，文字的高度和宽度根据两点之间的距离、文字的多少，以及在"文本样式"对话框中设置的宽度系数自动调整。当指定了两点后，输入的文字越多，字宽和字高越小。

【例 6-1】设置文字样式并创建如图 6-1 所示的标题栏。基本要求：字体为仿宋体，文字高度为 3.5mm，颜色为黑色，采用单行文字输入方式，字间距保持默认值。

操作步骤如下。

（1）按照图示尺寸绘制标题栏框。

（2）在命令窗口中输入命令 ST，打开"文字样式"对话框，新建一个名为"A4 标题栏"的文字样式，设置字体为"仿宋体"，文字高度为 3.5mm，颜色为黑色。设置完成后，单击"应用"按钮，关闭"文字样式"对话框。

第 6 章
创建文字、表格与尺寸标注的方法

（3）在命令窗口中输入命令 TEXT，采用单行文字输入方式。在"指定文字的起点"提示下单击标题栏中的单元格，如单击图 6-1 中左上角的单元格，将其指定为插入文字的起点位置，在"指定文字的旋转角度"提示下将旋转角度设置为 0。此时在标题栏中指定输入单行文字的起点位置出现文字输入框，输入"图纸名称"文字，然后按两次回车键，结束文字输入操作。若文字位置不合适，可利用"移动"命令适当调整。按同样的步骤完成其他文字的输入。

6.1.3 创建多行文字的方法

以多行文字方式输入的文字，无论有几行文字都作为一个整体，可以进行统一的编辑操作。当图形需要一段文字说明时可选用多行文字方式进行输入，如图样的技术要求通常采用多行文字方式来输入与编辑。

创建多行文字命令的输入方法如下。

方法一：在命令窗口中输入命令 MTEXT（或简写为 T 或 MT）。

方法二：在菜单栏中选择"绘图"→"文字"→"多行文字"命令。

方法三：单击"文字"工具栏中的"多行文字"按钮 A。

执行上述操作后，按命令窗口中的提示完成创建多行文字的操作，如图 6-6 所示。

```
MTEXT
当前文字样式："Standard"    文字高度：  3.5    注释性：  是
指定第一角点：
指定对角点或 [高度(H)/对正(J)/行距(L)/旋转(R)/样式(S)/宽度(W)/栏(C)]:
```

图 6-6 创建多行文字命令的操作提示

在"指定第一角点"提示下，单击指定输入多行文字文本框的第一个角点位置；在"指定对角点"提示下，用户可按提示的选项进行设置，也可直接单击指定输入多行文字文本框的对角点位置。当指定了第一角点与对角点后，将出现"文字格式"工具栏和文本框，如图 6-7 所示。此时可直接在文本框中输入文字，在输入文字之前可通过"文字格式"工具栏进行字体、颜色等基本参数的设置。

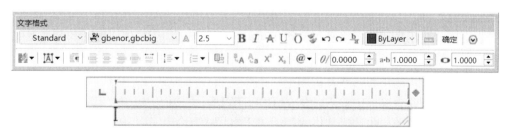

图 6-7 创建多行文字的"文字格式"工具栏和文本框

在"指定对角点"提示中，各选项的含义如下。

（1）高度（H）：用于设置文字的高度。

（2）对正（J）：用于设置文字的对齐方式。选择该选项后，系统会进一步提示更具体的对齐方式选项。

（3）行距（L）：用于设置文本行间距。选择该选项后，系统会进一步提示输入行距类型、行距比例或行距值等选项。

（4）旋转（R）：用于设置文字的旋转角度。

（5）样式（S）：用于设置和调用新的文字样式。

（6）宽度（W）：用于指定文本框宽度。

（7）栏（C）：用于设置分栏的类型、栏宽、栏间距及栏高等。

【例6-2】采用多行文字输入方式创建如图6-8所示的技术要求，要求字体为仿宋体，文字高度为5mm，颜色为黑色，字间距保持默认值。

技术要求：
1.仓库总体规划设计宜满足国家标准《通用仓库等级》（GB/T 21072—2021）1星级标准要求；
2.仓库内部平面布局宜满足国家标准《通用仓库及库区规划设计参数》（GB/T 28581—2021）规定的技术要求。

图6-8　技术要求

操作步骤如下。

（1）创建一个名称为"多行文字"的文字样式，设置字体为仿宋体，文字高度为5mm，颜色为黑色，字间距保持默认值。

（2）执行创建多行文字命令，输入如图6-8所示的技术要求内容。

表格的创建

6.2　表格的创建

6.2.1　设置表格样式

表格样式是用来设置表格基本形状和间距的一个选项。当插入表格对象时，系统使用当前的表格样式。

创建表格样式命令的输入方法如下。

方法一：在命令窗口中输入命令TABLESTYLE。

方法二：在菜单栏中选择"格式"→"表格样式"命令。

方法三：在工具栏中单击"绘图"工具栏中的"表格"按钮 。

创建表格样式的基本步骤如下。

执行上述操作后，会打开"表格样式"对话框，如图 6-9 所示。通过"表格样式"对话框可以新建、修改表格样式。下面以新建表格样式为例说明该对话框中各选项的含义。

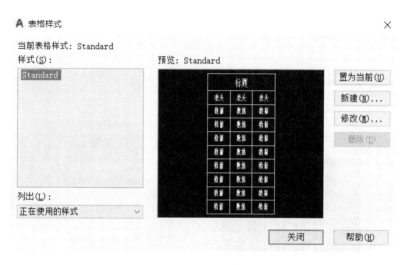

图 6-9 "表格样式"对话框

（1）单击"新建"按钮，打开"创建新的表格样式"对话框，如图 6-10 所示。在"新样式名"文本框中输入表格样式的名称，如"标题栏表格样式"，则创建一个名为"标题栏表格样式"的表格样式。

图 6-10 "创建新的表格样式"对话框

（2）单击"继续"按钮，打开"新建表格样式"对话框，如图 6-11 所示。左侧"常规"选项组中的"表格方向"下拉列表框用于设置数据与标题的上下位置关系，默认为

"向下",表示自上而下分别为标题、表头、数据,当选择"向上"时,表示自上而下分别为数据、表头、标题。右侧"单元样式"下拉列表框中有三个重要的选项,分别是"标题""表头"和"数据"。"标题"用于设置总标题参数,"表头"用于设置列标题参数,"数据"用于设置表格中的数据参数。"单元样式"下拉列表框下有"常规""文字"和"边框"三个选项卡。

①"常规"选项卡用于设置表格的样式,包括填充颜色、对齐方式、页边距等,如图 6-11 所示。

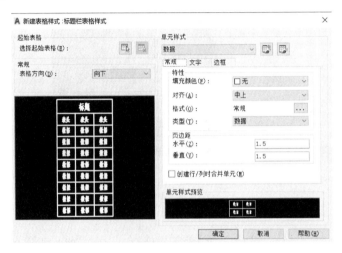

图 6-11 "新建表格样式"对话框

②"文字"选项卡用于设置文字属性,在"文字样式"下拉列表框中可以选择已定义好的文字样式,也可以单击右侧的"..."按钮定义新的文字样式。在该选项卡中还可对文字高度、文字颜色和文字角度进行设置,如图 6-12(a)所示。

③"边框"选项卡用于设置表格边框的属性,如边框线的颜色、线型和线宽等,如图 6-12(b)所示。

(a)"文字"选项卡　　　　　　　　(b)"边框"选项卡

图 6-12 "文字"和"边框"选项卡

对上述各选项的参数进行设置以后，单击"确定"按钮，关闭"新建表格样式"对话框，在"表格样式"对话框的预览框中显示新表格样式的设置结果，如图6-13所示。

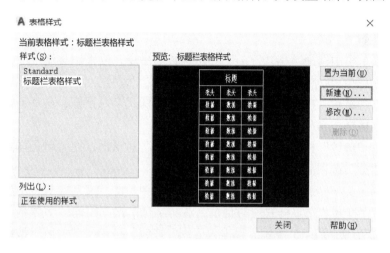

图6-13 "标题栏表格样式"预览

如果认为新建的表格样式不理想，可以对其进行修改。修改表格样式的方法是：先单击要修改的表格样式，再单击"修改"按钮，打开"修改表格样式"对话框，如图6-14所示，该对话框中的所有选项与"新建表格样式"完全相同，按需要对相关参数进行修改即可。

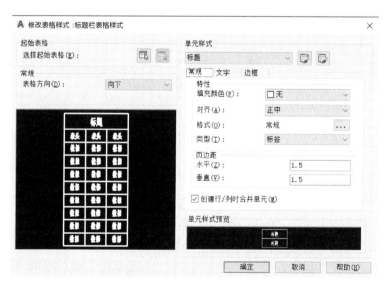

图6-14 "修改表格样式"对话框

【例 6-3】新建一个"数据栏表格样式",具体要求:①表格中数据的文字字体为仿宋体;②表格中数据的文字高度为 3.5mm,文字颜色为"ByLayer";③表格中数据的文字对齐方式为"正中";④其他选项都保持默认设置。

操作步骤如下。

(1)在菜单栏中选择"格式"→"表格样式"命令,或采用其他方法打开"表格样式"对话框。

(2)单击"新建"按钮,打开"创建新的表格样式"对话框,在"新样式名"文本框中输入新表格样式名"数据栏表格样式"。

(3)单击"继续"按钮,打开"新建表格样式"对话框,在"单元样式"下拉列表框中选择"数据"选项。

(4)选择"文字"选项卡,在"特性"选项组中单击"文字样式"下拉列表框右侧的"..."按钮,打开"文字样式"对话框,在"字体"选项组的"字体名"下拉列表框中选择"仿宋",如图 6-15 所示。单击"应用"按钮,再单击"关闭"按钮,返回"新建表格样式"对话框。

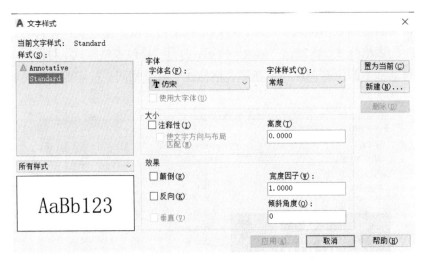

图 6-15 "文字样式"对话框

(5)在"特性"选项组的"文字高度"文本框中输入文字高度值为"3.5",在"文字颜色"下拉列表框中选择"ByLayer",如图 6-16 所示。

(6)选择"常规"选项卡,在"对齐"下拉列表框中选择"正中"。

(7)单击"确定"按钮,关闭"新建表格样式"对话框,然后单击"关闭"按钮关闭"表格样式"对话框。

通过以上步骤完成了创建新表格样式"数据栏表格样式"。

第 6 章
创建文字、表格与尺寸标注的方法

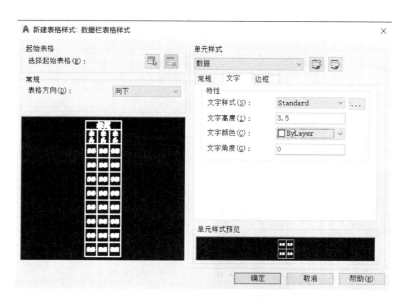

图 6-16 设置文字特性

6.2.2 创建表格的方法

设置好表格样式以后，用户便可以利用 TABLE 命令创建表格。下面说明创建一个表格的方法和步骤。

创建表格命令的输入方法如下。

方法一：在命令窗口中输入命令 TABLE。

方法二：在菜单栏中选择"绘图"→"表格"命令。

方法三：单击"绘图"工具栏中的插入"表格"按钮 。

执行上述操作后，打开"插入表格"对话框，如图 6-17 所示。在"插入表格"对话框中进行相应参数的设置后，单击"确定"按钮，即可在指定的位置插入一个空表格，并显示"文字编辑器"选项卡，用户可以逐行逐列输入相应的文字或数据。单击表格中的某一个单元格后，会出现"表格"工具栏，如图 6-18 所示。利用"表格"工具栏可以增加或减少表格的行数或列数，可以将多个单元格合并为一个单元格，还可以改变选中单元格的颜色等。另外，可利用夹点改变单元格的大小，当单击某一个单元格时，该单元格四周会出现可编辑的夹点，单击出现的某一个夹点，夹点会变成不同的颜色，此时便可以通过移动该夹点的位置来改变单元格的大小。

"插入表格"对话框中各选项的含义说明如下。

（1）"表格样式"选项组：默认为"Standard"，可通过单击右侧的 按钮来选择、新建或修改表格样式，如选择"标题栏表格样式"，如图 6-17 所示。

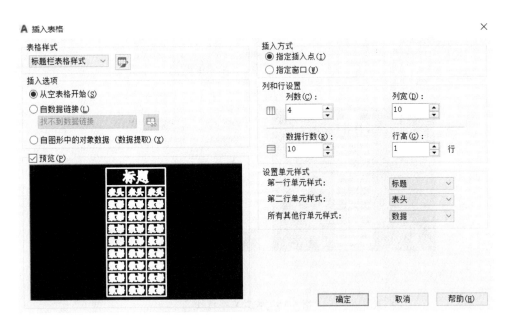

图 6-17 "插入表格"对话框

（2）"插入选项"选项组：该选项组中有三个单选按钮，即"从空表格开始""自数据链接"和"自图形中的对象数据（数据提取）"。选择"从空表格开始"单选按钮，可以创建手动输入数据的空表格，通过该方式创建表格时，会出现"文字格式"工具栏，如图 6-19 所示，通过该工具栏可对表格中的文字进行输入和设置；选择"自数据链接"单选按钮，将通过数据连接管理器来创建表格；选择"自图形中的对象数据（数据提取）"单选按钮，将通过"数据提取"向导来创建表格。

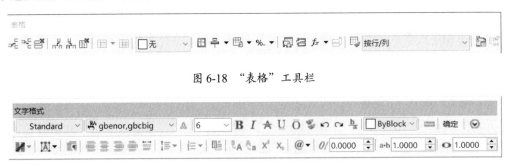

图 6-18 "表格"工具栏

图 6-19 "文字格式"工具栏

（3）"插入方式"选项组：该选项组有两个单选按钮，即"指定插入点"和"指定窗口"。选择"指定插入点"单选按钮，可指定表格的位置；选择"指定窗口"单选按钮，可指定表格的大小和位置，表格的行数、列数、行高和列宽取决于行和列的设置以及窗口的大小，需要注意的是，行和列两个参数中只能指定其中一个参数，另一个参数由指定窗口的大小自动等分来确定。

6.2.3 创建表格实训

标题栏是物流工程图纸的重要组成部分，利用表格工具可以快速绘制标题栏。本节将创建如图 6-1 所示的标题栏，具体要求：①新建一个名为"标题栏"的图层，设置该图层的颜色为白色，线型为连续型，线宽为 0.15mm；②文字字体为仿宋体，文字高度为 3.5mm，文字颜色为白色；③将绘制完成的标题栏保存为文件名为"标题栏"的图形文件。

操作步骤如下。

（1）创建"标题栏"图层。

按 3.6.7 节介绍的方法创建"标题栏"图层并设置其为当前图层，图层的颜色为白色，线型为 Continuous，线宽为 0.15mm，如图 6-20 所示。

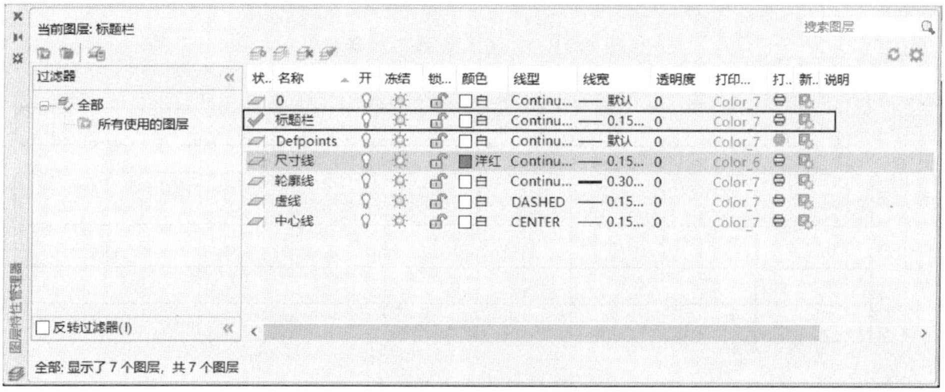

图 6-20 创建"标题栏"图层

（2）创建表格。

单击"绘图"工具栏中的"插入表格"按钮，打开"插入表格"对话框，设置表格的"列数"为 9、"列宽"为 20、"数据行数"为 2、"行高"为 1，如图 6-21 所示。单击"确定"按钮，在绘图窗口中的指定插入点位置生成一个表格，如图 6-22 所示。

（3）修改表格行高。

当前生成的表格的行高不相等，而要求表格的行高均等且行高为 10，表格总高为 40。因此，需要在该表的基础上进行修改，方法是：单击选中表格，然后右击，在弹出的快捷菜单中选择"特性"命令，打开"特性"对话框，将"单元高度"修改为 10 即可，修改后的表格如图 6-23 所示。

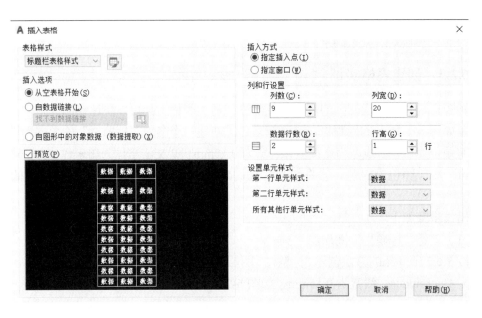

图 6-21 "插入表格"对话框

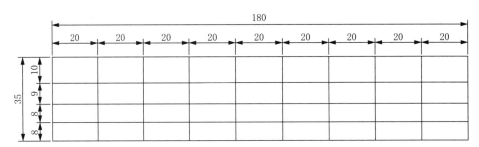

图 6-22 生成的表格

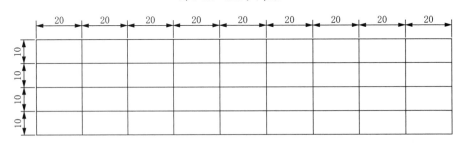

图 6-23 修改后的表格

（4）编辑表格。

通过单击可选中某一个单元格，通过框选可选中多个单元格，被选中单元格的边界线会变成黄色，如图 6-24 所示。现在要将左上角的 6 个单元格合并，选中这 6 个单元格后，单击"表格"工具栏中的"合并单元"按钮，则这 6 个单元格合并为 1 个单元格。

同理，按标题栏格式对其他单元格进行合并后的结果如图 6-25 所示。

图 6-24　合并单元格

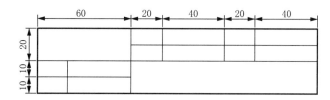

图 6-25　合并后的表格

（5）输入文字。

双击某一个单元格，可在该单元格中输入文字，并出现"文字格式"工具栏，如图 6-26 所示。按图 6-1 所示输入文字。

图 6-26　"文字格式"工具栏

（6）保存图形文件。

最后单击工具栏中的"保存"按钮，将图形文件的"文件名"设置为"标题栏"，并保存到指定的位置。

6.3　尺寸标注

尺寸标注是工程图样的基本构成要素，通过规范的尺寸标注可以具体了解图形对象或实体的具体尺寸。

6.3.1 尺寸标注的构成与基本要求

1. 尺寸标注的构成

完整的尺寸标注由尺寸线、尺寸界线、尺寸文本、尺寸箭头四部分组成，在默认情况下，尺寸标注是一个整体。图 6-27 所示为托盘集装单元的尺寸标注示例。

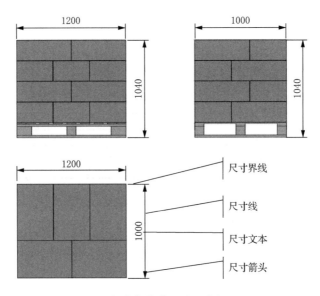

图 6-27 托盘集装单元的尺寸标注示例

尺寸界线标明了尺寸标注的边界，尺寸线标明了尺寸标注的范围，尺寸箭头标明尺寸标注的开始和结束位置，尺寸文本标明图形对象的实际尺寸大小。尺寸界线、尺寸线、尺寸箭头均应使用细实线绘制。

2. 尺寸标注的基本要求

尺寸标注应满足以下基本要求。

（1）整体要求完整、清晰、美观。完整是指所标注的尺寸能够完整地表达图形对象的形状和尺寸，标注尺寸的数量不多也不少。

（2）同一个图形中相同的尺寸，不得重复标注，能够通过计算得到的尺寸也不需要标注。

（3）尺寸线尽量不与图形对象的几何线重合。

（4）同一级的尺寸线应对齐，以保证规范和美观。

6.3.2 尺寸标注样式的设置方法

在绘制物流工程图样时，需要规范地进行尺寸标注，这就必须充分了解 AutoCAD 中尺寸标注的各种参数及设置方法。尺寸标注参数的设置方法通过 AutoCAD 提供的"标注样式管理器"进行设置，有关尺寸标注的所有样式及参数设置均可通过菜单栏中的"标注"菜单来实现。

1. 打开"标注样式管理器"对话框

打开"标注样式管理器"对话框的方法如下。

方法一：在命令窗口中输入命令 DIMSTYLE（或简写为 D）。

方法二：在菜单栏中选择"格式"→"标注样式"命令，或选择"标注"→"标注样式"命令。

方法三：单击工具栏中的"标注样式"按钮。

执行上述操作后，打开"标注样式管理器"对话框，如图 6-28 所示。

图 6-28 "标注样式管理器"对话框

2. "标注样式管理器"对话框的基本功能

"标注样式管理器"对话框中列出所有的尺寸标注样式供用户选择，用户可直接选择已有的尺寸标注样式，也可选择在已有的尺寸标注样式基础上进行修改。若要创建新的尺寸标注样式，则单击"新建"按钮，打开"创建新标注样式"对话框，在该对话框中输入新尺寸标注样式名，按提示步骤完成对新尺寸标注样式的各种参数设置。

"标注样式管理器"对话框提供了尺寸标注的基本功能选项,各选项的含义如下。

"当前标注样式"栏:显示当前所使用的尺寸标注样式,如图 6-28 中显示当前尺寸标注样式为"物流工程"。

"样式"列表框:显示可用的尺寸标注样式。

"列出"下拉列表框:有"所有样式"和"正在使用的样式"两个选项。选择"所有样式"选项,列出所有可以使用的尺寸标注样式;选择"正在使用的样式"选项,仅列出正在使用的尺寸标注样式。尺寸标注样式均显示在"样式"列表框中。

"置为当前"按钮:将选中的尺寸标注样式置为当前样式。

"新建"按钮:创建一个新的尺寸标注样式。

"修改"按钮:对已有的尺寸标注样式进行修改。

"替代"按钮:设置临时覆盖尺寸标注样式。

"比较"按钮:比较两个尺寸标注样式在参数上的区别,或浏览一个尺寸标注样式的参数设置。

3. 尺寸标注样式参数的设置方法

下面以创建一个新的尺寸标注样式为例,介绍尺寸标注样式参数的设置方法。

在"标注样式管理器"对话框中单击"新建"按钮,创建新的尺寸标注样式,打开"创建新标注样式"对话框,如图 6-29 所示。定义一个新样式名,如"标题栏标注",单击"继续"按钮,打开"新建标注样式"对话框,如图 6-30 所示。通过该对话框对新建的尺寸标注样式进行参数设置。

"新建标注样式"对话框中各选项的含义如下。

(1)"线"选项卡的设置。

"线"选项卡用于对尺寸线和尺寸界线的参数进行设置,如图 6-30 所示。"尺寸线"选项组包括对尺寸线的颜色、线型、线宽、超出标记、基线间距等的设置。其中,"超出标记"数值框设置尺寸线起点与标注实体之间的距离;"基线间距"数值框设置在基线标注方式中平行的尺寸线之间的距离。"尺寸界线"选项组包括对尺寸界线的颜色、线型、线宽、超出尺寸线、起点偏移量等的设置。其中,"超出尺寸线"数值框设置尺寸界线的外端超出尺寸线的距离,按国家标准,尺寸界线一般超出尺寸线的距离为 2~3mm;"起点偏移量"数值框设置尺寸界线起点与标注实体之间的距离。

(2)"符号和箭头"选项卡的设置。

"符号和箭头"选项卡用于对箭头和圆心标记等参数进行设置,主要用于改变尺寸标注样式的外观,对规范标注尺寸、美化图面效果有重要作用,如图 6-31 所示。"箭头"选项组主要设置标注箭头的形状和大小;"圆心标记"选项组主要设置直径标注和半径标注时圆心的标记和中心线的外观。

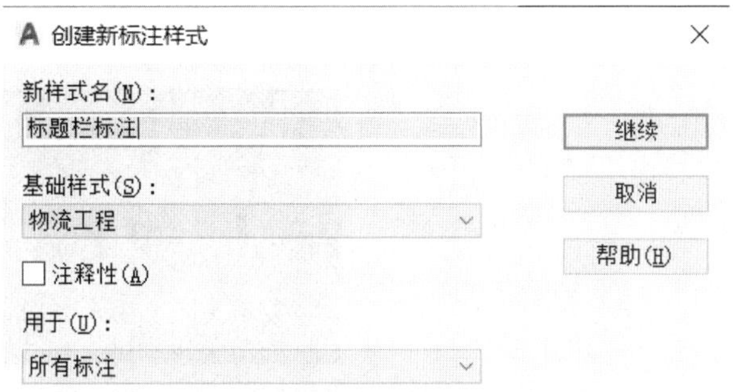

第 6 章
创建文字、表格与尺寸标注的方法

图 6-29 "创建新标注样式"对话框

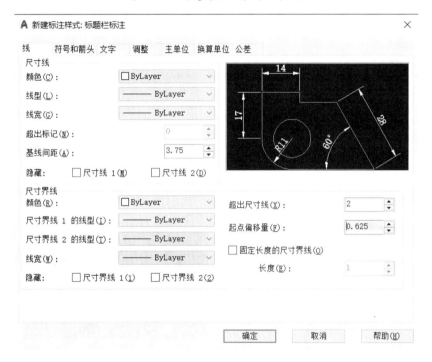

图 6-30 "新建标注样式"对话框

（3）"文字"选项卡的设置。

"文字"选项卡用于对文字外观、文字位置和对齐方式等参数进行设置，如图 6-32 所示。"文字外观"选项组主要对标注文字的样式、颜色和大小等进行设置；"文字位置"选项组主要设置文字放置的位置；"文字对齐"选项组主要设置文字对齐的方式，包括"水平""与尺寸线对齐""ISO 标准"三个单选按钮，一般选择"与尺寸线对齐"单选按钮。

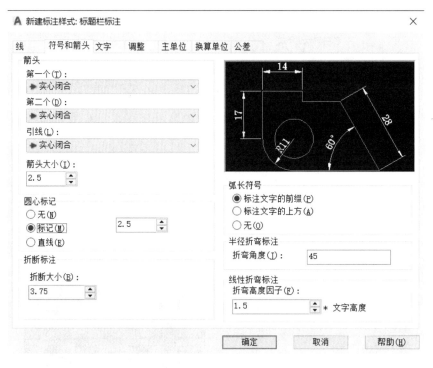

图 6-31 "符号和箭头"选项卡

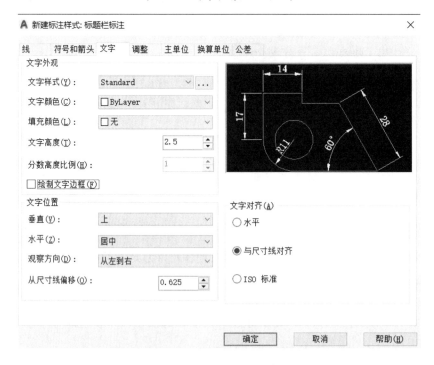

图 6-32 "文字"选项卡

第 6 章
创建文字、表格与尺寸标注的方法

（4）"调整"选项卡的设置。

"调整"选项卡用于对标注文字、箭头、引线在尺寸界线和尺寸线上的放置位置等参数进行设置，如图 6-33 所示。"调整选项"选项组设置根据尺寸界线之间的可用空间放置文字和箭头的方式，以取得最佳标注效果，有以下几种放置文字和箭头的方式：①当尺寸界线间的空间足够放置文字和箭头时，文字和箭头都放在尺寸界线内；②当尺寸界线之间的空间仅够容纳文字时，则将文字放置在尺寸界线内，而将箭头移到尺寸界线外；③当尺寸界线之间的空间仅够容纳箭头时，则将箭头放置在尺寸界线内，而将文字移到尺寸界线外；④当尺寸界线之间的空间既不够容纳箭头又不够容纳文字时，则将文字和箭头都移到尺寸界线外。

图 6-33 "调整"选项卡

"标注特征比例"选项组中的"使用全局比例"单选按钮用于调整尺寸标注的所有组成元素的大小，以便与技术图样相匹配。"文字位置"选项组设置文字在尺寸线上的位置。

（5）"主单位"选项卡的设置。

"主单位"选项卡用于设置尺寸标注的单位格式与精度等。

以上所述是新建标注样式的详细说明，若要对已有的标注样式进行修改，可单击"标注样式管理器"对话框中的"修改"按钮进行修改。修改与新建的参数设置完全相同，按系统提示进行修改即可。

特别提醒

(1) 双击尺寸标注可以修改该尺寸标注。
(2) 一种样式只能标注一种格式，需要标注另一种格式必须通过新建样式进行标注。
(3) 修改尺寸标注之前必须正确选择需要修改的标注样式名称。
(4) "调整"选项卡中的"使用全局比例"单选按钮用于修改所有标注的整体大小。

6.3.3 常用的尺寸标注类型及应用方法

规范地进行尺寸标注是技术制图过程中非常重要的一个环节，AutoCAD软件提供了方便快捷的尺寸标注方法，可以对长度、角度、半径、弧长等进行标注。常用的长度尺寸标注类型有线性标注、对齐标注、连续标注、基线标注、快速标注、角度标注、半径和直径尺寸标注等。

1. 线性标注

线性标注用于标注线段的长度尺寸，只能通过水平和垂直两种方式放置尺寸标注的位置。

线性标注命令的输入方法如下。

方法一：在命令窗口中输入线性标注命令DIMLINEAR（或简写为DLI）。

方法二：在菜单栏中选择"标注"→"线性标注"命令。

方法三：单击"标注"工具栏中的"线性标注"按钮 。

执行上述操作后，按命令窗口中的提示完成线性标注的操作，如图6-34所示。

图6-34 线性标注命令的操作提示

(1) 指定尺寸界线原点。按系统提示指定线段的第一个尺寸界线原点后，再指定线段的第二个尺寸界线原点。

(2) 指定尺寸线位置后，完成线性尺寸标注。

命令窗口中各选项的含义如下。

"多行文字(M)"，通过多行文字编辑器来编辑标注文字；"文字(T)"，在命令窗口中自定义标注文字；"角度(A)"，设置标注文字的角度；"水平(H)"，创建水平线性标注；"垂直(V)"，创建垂直线性标注；"旋转(R)"，创建旋转线性标注。

2. 对齐标注

对齐标注是指创建与尺寸界线的原点对齐的线性标注。尺寸界线的原点是指第一条和第二条尺寸界线的原点。在选择需要标注的对象之后，系统自动确定第一条和第二条尺寸界线的原点。对齐标注方式能够真实地表示线段的长度。

对齐标注命令的输入方法如下。

方法一：在命令窗口中输入对齐标注命令 DIMALIGNED。

方法二：在菜单栏中选择"标注"→"对齐标注"命令。

方法三：单击"标注"工具栏中的"对齐标注"按钮 。

执行上述操作后，按命令窗口中的提示完成对齐标注的操作，如图 6-35 所示。

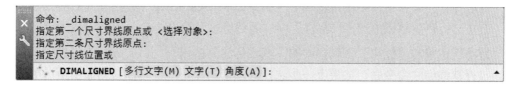

图 6-35 对齐标注命令的操作提示

（1）指定第一个尺寸界线原点后，再指定第二个尺寸界线原点。

（2）指定尺寸线位置后，系统按指定位置放置尺寸线并确定绘制尺寸界线的方向。

命令窗口中各选项的含义如下。

"多行文字（M）"，通过多行文字编辑器来编辑标注文字；"文字（T）"，在命令窗口中自定义标注文字；"角度（A）"，设置标注文字的角度。

3. 连续标注

连续标注是从一个尺寸标注的尺寸界线开始沿着一个方向连续创建多个尺寸标注。连续标注的基本步骤如下。

（1）创建一个尺寸标注或选择一个已有的尺寸标注。

（2）通过以下三种方法之一输入连续标注命令。

方法一：在命令窗口中输入连续标注命令 DIMCONTINUE（或简写为 DIMCONT）。

方法二：在菜单栏中选择"标注"→"连续标注"命令。

方法三：单击"标注"工具栏中的"连续标注"按钮 。

执行连续标注命令后，命令窗口中的操作提示如图 6-36 所示。

图 6-36 连续标注命令的操作提示

（3）以上一个尺寸标注的第二个尺寸界线为基点连续指定下一个尺寸界线原点，直到按 Esc 键结束连续标注。

若在命令窗口中选择"选择（S）"选项，则根据系统提示选择一个标注后，系统会自动跟随所选标注执行连续标注命令。

4. 基线标注

基线标注是以同一个位置为基准进行一系列的相关尺寸标注。基线标注的基本步骤如下。

（1）创建一个尺寸标注或选择一个已有的尺寸标注。

（2）通过以下三种方法之一输入基线标注命令。

方法一：在命令窗口中输入基线标注命令 DIMBASELINE（或简写为 DIMBASE）。

方法二：在菜单栏中选择"标注"→"基线标注"命令。

方法三：单击"标注"工具栏中的"基线标注"按钮。

执行基线标注命令后，如果上一步选择的图形对象是线性标注，则命令窗口中的操作提示如图 6-37 所示。

图 6-37　基线标注命令的操作提示

（3）以线性标注第一个尺寸界线为基准，指定第二个尺寸界线原点，再连续指定下一个尺寸界线原点，直到按 Esc 键结束基线标注。

图 6-38 所示为标题栏采用线性标注、连续标注和基线标注的示例。

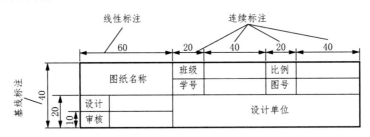

图 6-38　线性标注、连续标注与基线标注示例

5. 快速标注

AutoCAD 软件提供了快速标注功能，可对选定对象快速地一次标注一系列尺寸标注。快速标注的基本步骤如下。

（1）在命令窗口中输入快速标注命令 QDIM。

（2）选择要标注的几何图形。

（3）指定标注尺寸线的位置。

命令窗口中的操作提示如图 6-39 所示，各选项的含义如下。

"连续（C）"，创建一系列连续尺寸标注；"并列（S）"，创建一系列并列尺寸标注；"基线（B）"，创建一系列基线尺寸标注；"坐标（O）"，创建一系列坐标尺寸标注；"半径（R）"，创建一系列半径尺寸标注；"直径（D）"，创建一系列直径尺寸标注；"基准点（P）"，为基线标注等设置新的基准点。

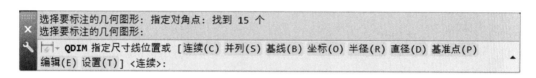

图 6-39　快速标注命令的操作提示

6. 角度标注

角度标注是对两条直线之间的角度进行标注，也可以对一条弧线的角度进行标注，如图 6-40 所示。

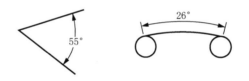

图 6-40　角度标注示例

角度标注的基本步骤如下。

（1）通过以下三种方法之一输入角度标注命令。

方法一：在命令窗口中输入角度标注命令 DIMANGULAR（或简写为 DAN）。

方法二：在菜单栏中选择"标注"→"角度标注"命令。

方法三：单击"标注"工具栏中的"角度标注"按钮。

（2）若选择一条直线，则接着指定第二条直线；或者选择一个圆弧。

（3）指定标注尺寸线的位置。

7. 半径和直径尺寸标注

在标注半径和直径尺寸时，系统会自动在尺寸前加 R 和 ϕ 符号，如图 6-41 所示。可通过标注样式对半径和直径尺寸标注的具体参数进行设置。通常圆应该标注直径，弧应该标注半径。

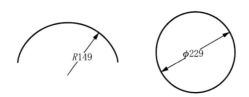

图 6-41　半径与直径尺寸标注示例

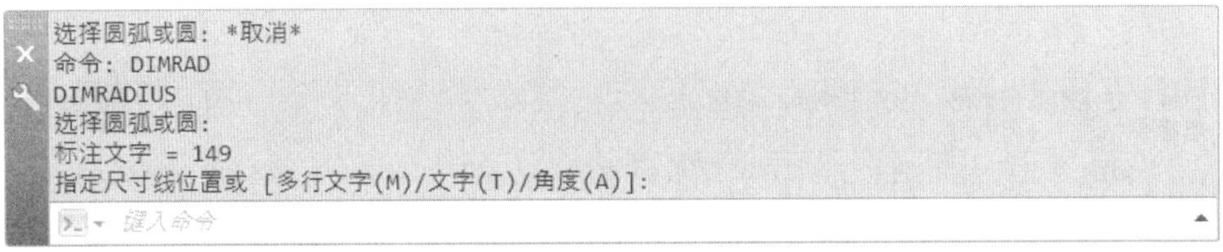

```
选择圆弧或圆: *取消*
命令: DIMRAD
DIMRADIUS
选择圆弧或圆:
标注文字 = 149
指定尺寸线位置或 [多行文字(M)/文字(T)/角度(A)]:
```

图 6-42　半径标注的基本步骤

半径标注的基本步骤如下。

（1）通过以下三种方法之一输入半径标注命令。

方法一：在命令窗口中输入半径标注命令 DIMRADIUS（或简写为 DIMRAD）。

方法二：在菜单栏中选择"标注"→"半径标注"命令。

方法三：单击"标注"工具栏中的"半径标注"按钮。

（2）选择要标注的圆弧或圆。

（3）指定标注尺寸线的位置。

同理，直径标注的基本步骤如下。

（1）通过以下三种方法之一输入直径标注命令。

方法一：在命令窗口中输入直径标注命令 DIMDIAMETER（或简写为 DIMDIA）。

方法二：在菜单栏中选择"标注"→"直径标注"命令。

方法三：单击"标注"工具栏中的"直径标注"按钮。

（2）选择要标注的圆弧或圆。

（3）指定标注尺寸线的位置。

本章小结

本章主要介绍了创建文字、表格与尺寸标注的基本方法，包括文字与表格样式设置、单行文字与多行文字的创建方法、表格的创建与编辑、尺寸标注样式的创建与编辑、尺寸标注的方法和步骤、常用尺寸标注的类型与标注方法等。通过对本章的学习，学生能够掌握图形中创建文字、表格与尺寸标注的基本方法，能灵活运用本章所学知识创建文字与表格，并规范地完成图形的尺寸标注任务。

本章习题

1. 简答题

（1）在 AutoCAD 2018 软件中如何创建文字样式？

（2）在 AutoCAD 2018 软件中，单行文字与多行文字有何区别？如何创建单行文字？如何创建多行文字？

（3）在 AutoCAD 2018 软件中如何创建表格样式？

（4）一个完整的尺寸标注由哪些构成要素组成？在 AutoCAD 2018 软件中常用的尺寸标注有哪些类型？它们分别有何特点？

2. 上机实训

（1）创建一个新的标注样式，具体要求如下：样式名称为"A4 标题栏标注样式"，文字高度为 3.5，尺寸文字从尺寸线偏移的距离为 1.25，箭头大小为 2.5，尺寸界线超出尺寸线的距离为 2，基线标注时尺寸线之间的距离为 6，其余保持系统默认设置。

（2）设计如图 6-1 所示的标题栏，并按照相关标准要求将该标题栏放置于 A4 的图框中。

（3）图 6-43 所示为一图形的尺寸标注示例，请仔细观察并分析图中的尺寸标注存在哪些问题。请按规范要求进行合理的尺寸标注。

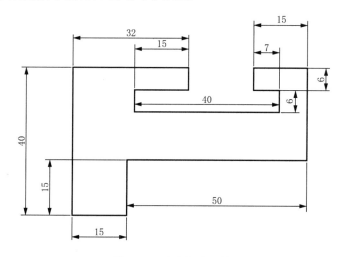

图 6-43　尺寸标注示例

（4）综合实训。根据图6-44，完成以下实训任务。

① 观察图形结构特点，说明绘制该图的基本思路。

② 按图中所示尺寸完成图形的绘制任务，说明绘图的基本过程。

③ 说明绘图过程中用到的绘制命令和编辑命令。

④ 完整规范地完成尺寸标注。

⑤ 说明图形中包含的尺寸标注类型。

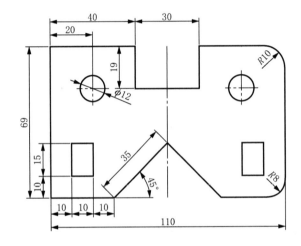

图6-44 综合实训用图

第 7 章
图形的打印与输出

【教学目标】

（1）理解模型空间与布局空间的基本概念。
（2）掌握打印参数设置的方法。
（3）掌握从模型空间打印输出图形的方法和步骤。
（4）掌握从布局空间打印输出图形的方法和步骤。
（5）能熟练地通过模型空间与布局空间打印技术图样。

【导入案例】

技术图样的打印输出是工程制图的一个重要环节。通常情况下，一个完整的图形包括图框、技术图样、尺寸标注、标题栏、技术要求等。图 7-1 所示为托盘集装单元的三

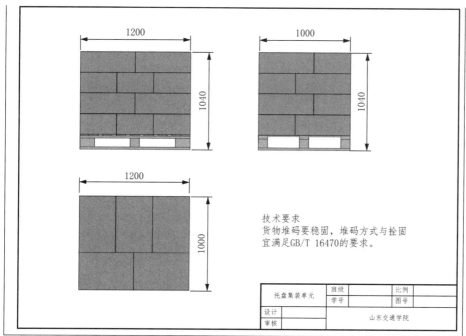

图 7-1 彩图

图 7-1 托盘集装单元的三视图

视图，我们绘制完成技术图样后需要以一定方式将图形打印输出，可以通过绘图仪或打印机将图形打印在纸上，也可以输出 PDF、JPG 等不同格式的电子文件。AutoCAD 提供了详细的图形打印参数设置及不同方式的打印输出功能。要想规范地打印输出这个图形，需要大家正确理解模型空间与布局空间的基本概念，掌握图形打印参数设置及通过模型空间与布局空间打印输出的方法。

7.1 模型空间与布局空间的概念

在 AutoCAD 中有两个工作空间，即模型空间和布局空间。

模型空间是 AutoCAD 工程制图的常用工作空间，可将其看成是一个无限大的绘图工作空间。在模型空间中用户通常按照 1∶1 的比例绘制工程图形，工程图形真实地反映了实际物体的大小和形态。启动 AutoCAD 后，系统默认自动进入模型空间，此时在绘图窗口下方的"模型"选项卡处于激活状态，我们在模型空间绘制的图形可理解为在计算机里创建了真实物体的"模型"。

布局空间也称图纸空间，它是用来创建打印布局的工作空间。可以将图纸空间看作真实的图纸样式。在图纸空间中，可以对图形的位置和大小进行调整布局，通过创建一个或多个视口显示不同比例的视图，还可以给图纸添加图框、标题栏、明细表和文字注释等。

通过模型空间和布局空间均可方便地进行图形打印输出。规范的图纸都有标准图框，如何给图形外加一个漂亮的图框呢？下面介绍通过模型空间与布局空间给图形添加图框及图形打印输出的方法与步骤。

7.2 图形打印参数的设置方法

在图形打印输出之前，应对打印参数、打印样式、打印比例等进行设置。打印输出是指根据打印样式及设置的打印参数，将图形通过模型空间或布局空间打印输出的过程，可以将图形打印在纸上，也可以输出成 PDF 等不同格式的电子文件。打印参数用于设置打印输出环境，包括打印设备、打印样式和打印区域设置等。

AutoCAD 提供了两种图形打印参数的设置方法，一是利用"打印—模型"对话框设置打印参数，二是利用"页面设置管理器"对话框设置打印参数。

7.2.1 利用"打印—模型"对话框设置打印参数

打开"打印—模型"对话框的方法如下。

方法一：选择菜单栏中的"文件"→"打印"命令。

方法二：在命令窗口中输入命令 PLOT。

方法三：单击快速访问工具栏中的"打印"按钮 。

方法四：按 **Ctrl+P** 组合键。

通过上述四种方法之一均可打开"打印—模型"对话框，如图 7-2 所示。该对话框中的各项功能及打印参数设置说明如下。

图 7-2 "打印—模型"对话框

（1）"页面设置"选项组用于显示或保存当前页面的设置，以便之后打印时方便地调用，避免了每次打印时的反复设置，特别适合批量打印图纸的情况。其中各选项的含义如下。

①"名称"下拉列表框。单击"名称"下拉列表按钮，可从弹出的下拉列表中选择已有的页面设置。

②"添加"按钮。单击"添加"按钮，打开"添加页面设置"对话框，用户可输入新页面设置名，单击"确定"按钮后将新页面设置保存起来。

（2）"打印机/绘图仪"选项组用于打印机或绘图仪的选择与参数设置。

①"名称"下拉列表框。单击"名称"下拉列表按钮，在弹出的下拉列表中列出了

可选用的打印机名称或打印输出方式，选择后，下方将显示选择的打印设备或打印输出方式的名称、位置及相关说明。

②"特性"按钮。单击"特性"按钮，打开"绘图仪配置编辑器"对话框，如选择打印输出方式为"DWG to PDF.pc3"，如图 7-3 所示。

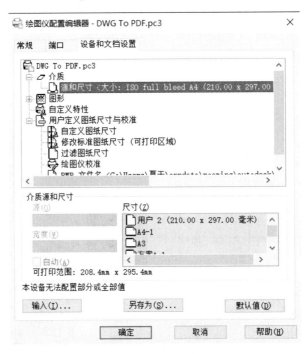

图 7-3 "绘图仪配置编辑器"对话框

在"绘图仪配置编辑器"对话框中可以设置打印机的配置情况，一般情况下，主要在"设备和文档设置"选项卡中进行设置。下面以 A4 图纸的打印参数设置为例介绍自定义图纸尺寸的参数设置方法。

在"设备和文档设置"选项卡中选择"用户定义图纸尺寸与校准"→"自定义图纸尺寸"选项，如图 7-4 所示。单击"添加"按钮，打开如图 7-5 所示的"自定义图纸尺寸—开始"对话框。此时，有两种方式可选择，一种方式是保持默认状态"创建新图纸"，即通过创建新图纸的方式设置图纸打印参数；另一种方式是"使用现有图纸"，即通过从现有图纸尺寸列表中选择的方式设置图纸打印参数。选择其中之一后，单击"下一页"按钮，打开"自定义图纸尺寸—介质边界"对话框，可以输入或选择打印图纸的尺寸大小，如图 7-6 所示。继续单击"下一页"按钮，打开"自定义图纸尺寸—可打印区域"对话框，可以调整图纸可打印的区域界限，若想打印整个图纸幅面，则将"上""下""左""右"的值均修改为"0"，如图 7-7 所示。继续单击"下一页"按钮，打开"自定义图纸尺寸—图纸尺寸名"对话框，可以为自定义的图纸尺寸进行命名，如命名为"物

第 7 章
图形的打印与输出

流工程 CAD-A4 图纸尺寸",如图 7-8 所示。继续单击"下一页"按钮,返回"绘图仪配置编辑器"对话框,此时在"自定义图纸尺寸"列表框中增加了"物流工程 CAD-A4 图纸尺寸"选项,如图 7-9 所示。单击"确定"按钮,返回如图 7-2 所示的"打印—模型"对话框。

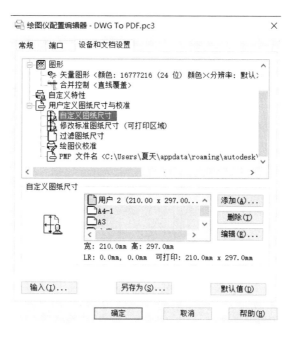

图 7-4 "自定义图纸尺寸"选项

图 7-5 "自定义图纸尺寸—开始"对话框

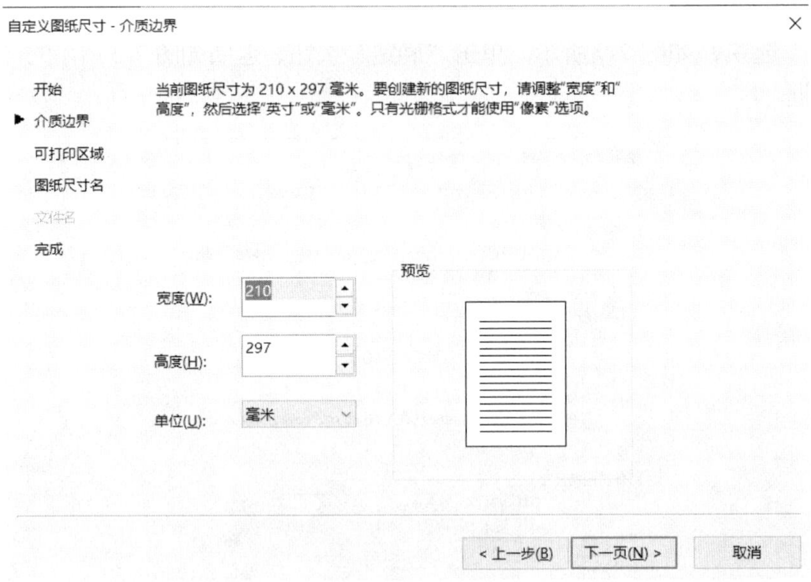

图 7-6 "自定义图纸尺寸—介质边界"对话框

图 7-7 "自定义图纸尺寸—可打印区域"对话框

图7-8 "自定义图纸尺寸—图纸尺寸名"对话框

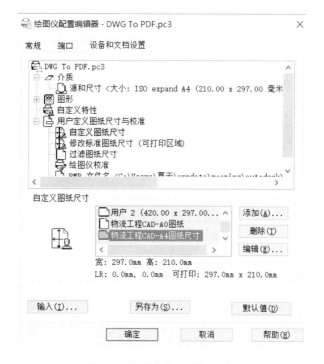

图7-9 完成自定义图纸尺寸

（3）"图纸尺寸"选项组用于选择图纸尺寸。此时，从"图纸尺寸"下拉列表框中选择新建的"物流工程CAD-A4图纸尺寸"选项，如图7-10所示。

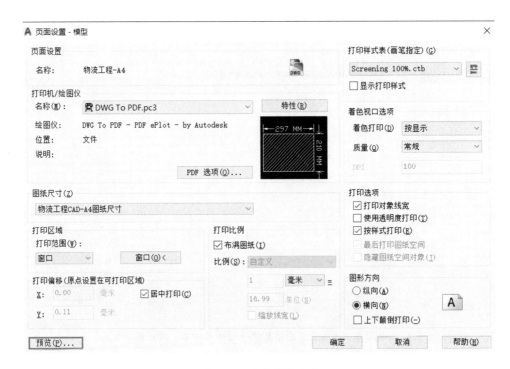

图 7-10 选择图纸尺寸

（4）"打印区域"选项组用于设置图形的打印区域。该选项组包括四个选项，分别为"窗口""范围""图形界限""显示"。

① "窗口"选项。单击右侧的"窗口"按钮，将进入绘图窗口，用户可采用框选方式确定需要打印的图形区域后，再返回图形打印设置界面。

② "范围"选项。选择该选项后，系统自动查找图形中的所有图形对象，并以这些图形对象的最外边界为准打印输出图形。

③ "图形界限"选项。若图形中使用 LIMITS 命令设置过图形界限，选择该选项后将打印图形界限范围内的所有图形对象。

④ "显示"选项。选择该选项后，仅打印当前绘图窗口中显示的图形对象。

（5）"打印偏移"选项组用于设置打印图形相对于图纸的位置，即指定打印区域相对于可打印区域左下角或图纸边界的偏移量，适用于打印图形与打印区域错位的情况。"X"文本框用于指定打印原点在 X 轴方向上的偏移量，"Y"文本框用于指定打印原点在 Y 轴方向上的偏移量。若选中"居中打印"复选框，则图形将在图纸上居中打印。

（6）"打印比例"选项组用于精确设置打印输出比例、图形显示单位及与打印单位之间的相对关系。系统默认选中"布满图纸"复选框，即按照能够布满图纸的最大尺寸打印图形。

（7）"打印样式表"选项组用于显示当前可用的打印样式表。

（8）"着色视口选项"选项组用于指定着色和渲染视图的打印方式和打印质量。

"着色打印"下拉列表框用于指定视图的打印方式，其中的选项如图 7-11 所示。其中，"按显示"表示按图形对象在屏幕上的显示方式打印；"概念"表示应用概念视觉样式打印图形；"渲染"表示按照渲染方式打印图形对象。

"质量"下拉列表框用于指定着色和渲染视口的打印分辨率，其中的选项如图 7-12 所示。其中，"常规"表示将渲染模型和着色模型空间视图的打印分辨率设置为当前打印设备分辨率的二分之一；"最高"表示将渲染模型和着色模型空间视图的打印分辨率设置为当前打印设备的分辨率；"自定义"可以自行指定打印的分辨率。

图 7-11 "着色打印"下拉列表框中的选项

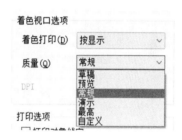
图 7-12 "质量"下拉列表框中的选项

（9）"打印选项"选项组用于指定打印过程中的有关设置。

（10）"预览"按钮用于显示图形打印效果。

（11）"应用到布局"按钮用于将当前"打印—模型"对话框中的设置保存到当前布局中。

7.2.2 利用"页面设置管理器"对话框设置打印参数

打开"页面设置管理器"的方法如下：在菜单栏中选择"文件"→"页面设置管理器"命令，打开"页面设置管理器"对话框，如图 7-13 所示。该对话框中的各项功能及打印参数设置说明如下。

"当前页面设置"列表框中列出了所有当前可选的页面设置文件，用户可选择使用。

"新建"按钮用于创建一个新的页面设置。单击该按钮，打开"新建页面设置"对话框，输入新建页面设置名称，如输入"托盘集装单元"，如图 7-14 所示。单击"确定"按钮，打开"页面设置—模型"对话框，该对话框中的各选项功能与使用方法详见 7.2.1 节所述内容。

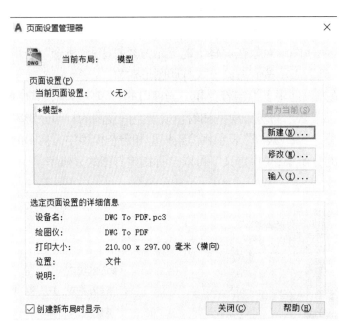

图 7-13 "页面设置管理器"对话框

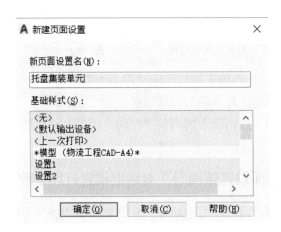

图 7-14 "新建页面设置"对话框

"修改"按钮用于对已经创建的页面设置进行修改。

"输入"按钮用于从其他图形格式（DWG、DWT 或 DXF 等）文件中输入一个或多个页面设置。

"置为当前"按钮用于将选中的页面设置作为当前页面设置。

7.3 图形打印输出的方法和步骤

7.3.1 通过模型空间打印输出图形的方法和步骤

下面以图 7-1 所示的托盘集装箱单元三视图为例，介绍通过模型空间打印输出图形的基本方法和步骤。

（1）绘制标准的 A4 图框与标题栏，如图 7-15 所示。

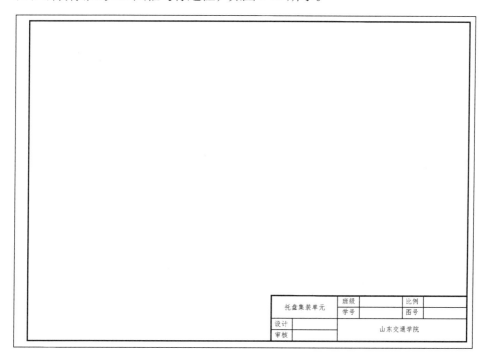

图 7-15 标准的 A4 图框与标题栏示例

（2）打开需要打印输出的图形，在此打开已经设计好的托盘集装单元三视图，如图 7-16 所示。

（3）将"A4 图框与标题栏"和"托盘集装单元三视图"两个图合并。首先选择"A4 图框与标题栏"，按 Ctrl+C 组合键复制，再按 Ctrl+Shift+V 组合键将"A4 图框与标题栏"以图块的方式粘贴到"托盘集装单元三视图"图形文件中。

（4）调整"A4 图框与标题栏"的尺寸大小以适应图形尺寸。利用缩放命令对图框进行缩放操作，直到图框尺寸大小与图形尺寸大小相适应，效果如图 7-17 所示。此时缩放的比例便是图形打印输出的比例。

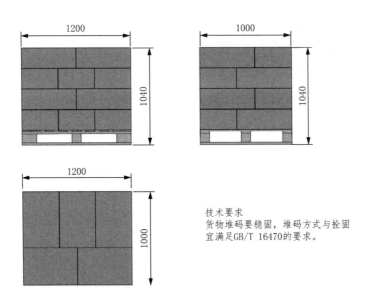

图 7-16 托盘集装单元三视图

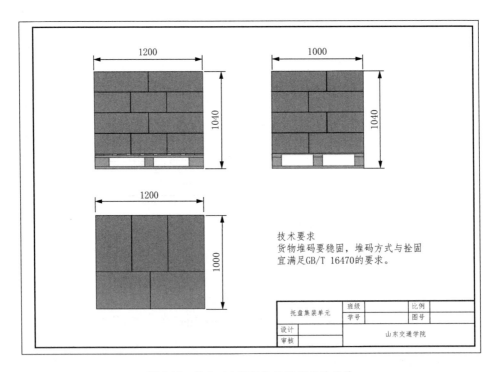

图 7-17 添加 A4 图框与标题栏后的效果

7.3.2 通过布局空间打印输出图形的方法和步骤

仍以图 7-1 所示的托盘集装单元三视图为例,介绍通过布局空间打印输出图形的方法和步骤。

(1)在模型空间打开需要打印的图形,如打开已经绘制好的托盘集装单元三视图和 A4 图框。

(2)进入布局空间,单击 AutoCAD 用户界面上的"布局 1",进入"布局 1"空间,默认的布局空间为白底。此时,在模型空间中的所有图形均显示在布局空间的矩形框中,如图 7-18 所示。这个矩形框称为视口。

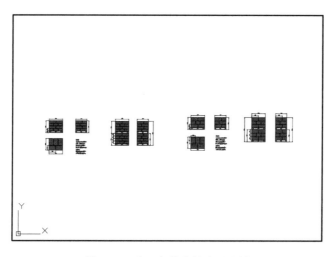

图 7-18 进入布局空间显示示例

(3)将原视口删除。单击矩形框,再单击鼠标右键,在弹出的快捷菜单中选择"删除"命令,即可将原视口删除,此时,布局空间变为一张白纸。

(4)将"布局 1"设置为 A4 页面参数,方法如下。

方法一:选择菜单栏中的"文件"→"页面设置管理器"命令。

方法二:右键单击"布局 1",选择"页面设置管理器"命令。

通过上述两种方法之一均可打开"页面设置管理器"对话框,如图 7-19 所示。单击"新建"按钮,打开"新建页面设置"对话框,输入新建页面设置名,如输入"布局 A4",如图 7-20 所示。单击"确定"按钮,打开"布局 A4"的"页面设置"对话框,如图 7-21 所示。

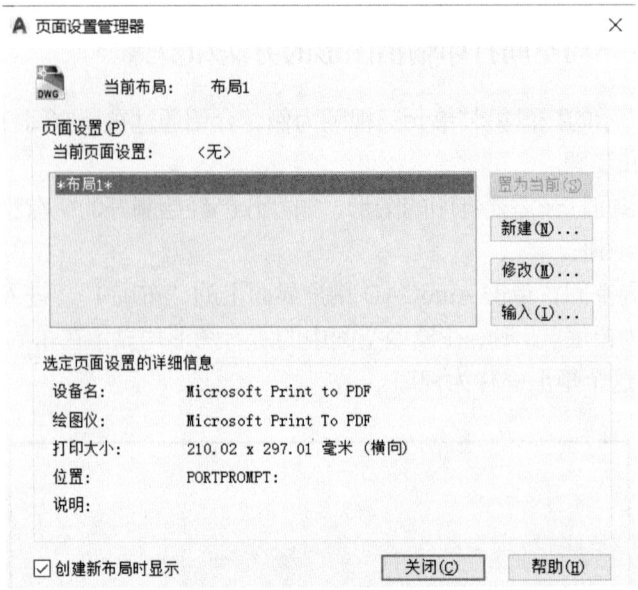

图 7-19 "布局 1"的"页面设置管理器"对话框

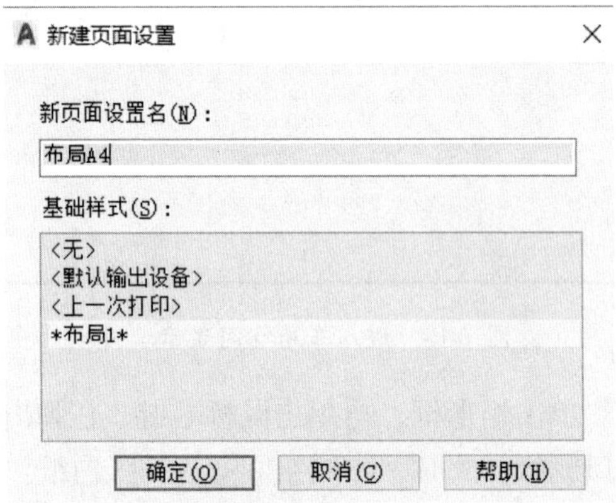

图 7-20 新建页面设置"布局 A4"

按 7.2 节所述方法进行"布局 A4"的页面参数设置,如图 7-22 所示。单击"确定"按钮,打开"布局 A4"的"页面设置管理器"对话框,如图 7-23 所示。单击"置为当前"按钮,再单击"关闭"按钮,将新设置的"布局 A4"页面设置参数置为当前布局的页面设置参数。至此,将"布局 1"的工作空间页面设置为 A4 页面参数,此时,"布局 1"中的页面尺寸与 A4 幅面相等。

(5)将"A4 图框与标题栏"添加到"布局 1"空间。方法是在模型空间选择"A4 图框与标题栏",先按 Ctrl+C 组合键,再按 Ctrl+Shift+V,将"A4 图框与标题栏"以图块的方式粘贴到"布局 1"空间,再调整图框使其与图纸重合,如图 7-24 所示。

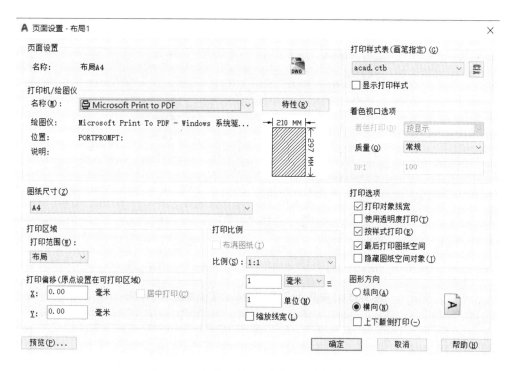

图 7-21 "布局 A4"的"页面设置"对话框

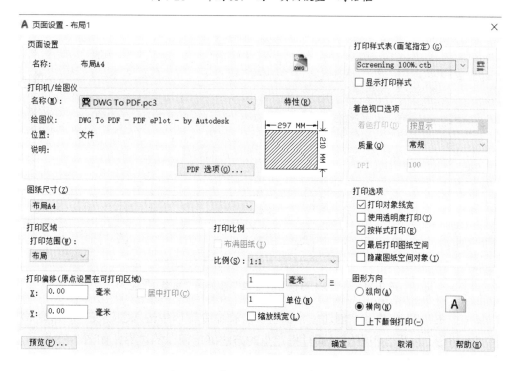

图 7-22 "布局 A4"的页面参数设置

图 7-23 "布局 A4"的"页面设置管理器"对话框

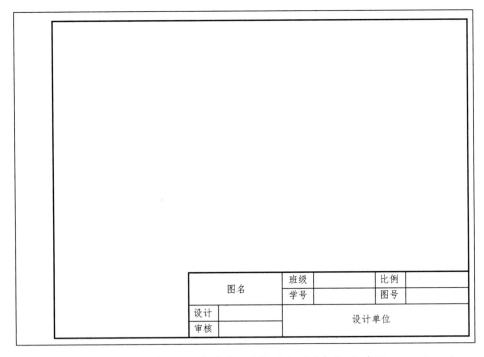

图 7-24 将"A4 图框与标题栏"添加到"布局 1"空间

（6）在图 7-24 的基础上创建一个新视口。在命令窗口中输入创建视口的命令 MV，选择"多边形"以后，根据提示通过指定点的方法确定视口的边界，如图 7-25 所示，图中的多边形为新创建的视口。双击视口内部任意一点激活视口，此时可以对视口内的图形对象进行编辑，如可以进行移动、放大、缩小等操作。

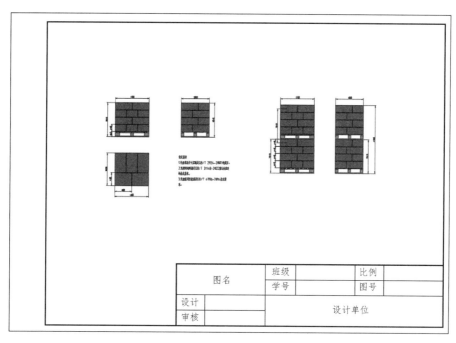

图 7-25 新创建的视口

（7）调整图形布局。在步骤（6）的基础上，在激活的视口中将要打印的图形对象调整到合适的大小和位置后，双击视口外部，完成对"布局1"空间的调整，如图 7-26 所示，此时的布局空间即为实际打印的图形布局。

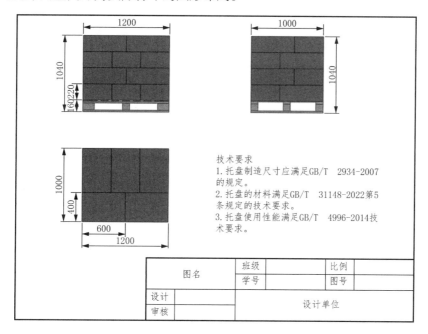

图 7-26 布局空间打印示例

本章小结

图形打印输出是物流工程制图的一个重要环节。本章主要讲述了图形打印输出的方法，包括模型空间与布局空间的概念、打印参数设置、通过模型空间和布局空间打印输出图形的方法和步骤。通过对本章的学习，学生能够正确理解模型空间与布局空间的基本概念，掌握图形打印参数的设置方法，能够熟练地通过模型空间与布局空间打印输出图形。

本章习题

1. 简答题

（1）简要说明模型空间与布局空间的概念。
（2）简述图形打印参数的设置方法。
（3）阐述通过模型空间打印输出图形的方法和步骤。
（4）阐述通过布局空间打印输出图形的方法和步骤。

2. 上机实训

依据国家标准《果蔬类周转箱尺寸系列及技术要求》（GB/T 39907—2021），设计适合某种果蔬的果蔬周转箱的结构平面图，并按 A4 标准幅面设置打印参数，分别在模型空间和布局空间以 PDF 格式打印输出图形。

下篇　专业实训篇

本篇以单元化物流系统为主线，重点讲述物流技术装备的合理选型与物流设施规划的典型案例，包括周转箱、托盘、货架、叉车、货运车辆等关键技术装备的合理选型的专题实训和物流中心规划的综合应用实训案例。通过本篇的学习，学生能够掌握物流工程专业的实践知识，学会运用 CAD 技术精确表达物流工程项目规划与物流产品结构设计方案的基本方法与技巧。

下篇
学习指导

思维导图

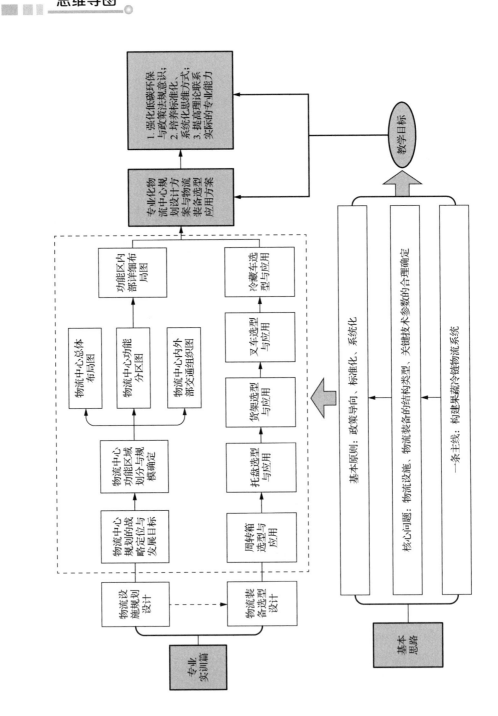

第 8 章
集装器具的合理选型及 CAD 应用实训

📦 【教学目标】

（1）了解和掌握有关集装器具选用的国家政策法规标准。
（2）掌握低碳化集装器具合理选用的基本思路与途径。
（3）掌握果蔬类周转箱与托盘选用的技术要求。
（4）掌握运用 AutoCAD 软件绘制集装器具技术图样的方法与步骤。
（5）能根据物流实际需求，依据相关标准合理选用集装器具的结构类型、尺寸规格，提出技术要求，灵活运用 AutoCAD 软件准确地绘制集装器具的产品结构技术图样。

　　实践证明，标准化、单元化是提高物流效率、降低物流成本、保证货物品质、推动物流行业绿色低碳转型发展的基本手段，也符合党的二十大报告中的"绿色环保"精神。集装器具作为单元化物流系统的载体，其合理选型和应用成为单元化物流的核心和关键问题，而集装器具的标准化是实现单元化物流系统高效低碳运行的基本前提条件。典型的集装器具包括可循环使用的周转箱、托盘与集装箱等。因冷链物流直接影响国民生活品质和农民增收，近年来我国各级政府高度重视并出台系列政策措施，鼓励冷链物流。据统计，我国果蔬产品消费占食品消费总量的 50%以上，而果蔬产后损失非常巨大，因此，构建基于"单元化+可循环"的果蔬冷链物流系统并推广应用，是物流行业创新发展理念，是推进碳达峰与碳中和工作的具体实践，更是推动现代物流高质量可持续发展、有效推动我国循环经济发展的必然选择。

8.1 果蔬类集装器具选用的政策法规标准

8.1.1 果蔬类集装器具选用的政策环境

2017 年 12 月，商务部等十部门联合发布《关于推广标准托盘发展单元化物流的意见》(商流通函〔2017〕968号),要求从标准托盘推广应用切入,促进包装箱、周转箱(筐)、货运车厢、集装箱等物流载具标准衔接,提升物流上下游设施设备和服务标准化水平。意见提出了六大重点任务,包括加快标准托盘推广应用、促进物流链各环节标准化衔接、推进物流载具循环共用、推进物流单元化和一体化运作、提高物流链信息化和智能化水平、推广先进成熟模式。

2021年4月,交通运输部办公厅等八部门联合发布《关于做好标准化物流周转箱推广应用有关工作的通知》(交办运〔2021〕30号),提出了加快完善物流周转箱循环共用体系的具体任务。一是推进物流周转箱循环共用试点示范。通过推广应用标准化车辆、标准化托盘、标准化周转箱,提高运输装备的现代化、标准化水平,实现农产品从产地采摘到销售的"零倒箱"作业,提高物流效率、降低物流成本。二是发挥龙头骨干企业示范引领作用,鼓励企业使用商品和物流一体化包装,建立可循环物流配送器具回收体系,实现标准化物流周转箱快速高效循环周转。三是推进供应链上下游企业联营合作,推动建立标准化物流周转箱产业联盟,促进供应链各主体间、各要素间、各环节间的一体化运营、协同化共用,共同培育做大标准化物流周转箱生产研发、循环共用市场。

2021年8月,商务部等九部门联合发布《商贸物流高质量发展专项行动计划(2021—2025年)》(商流通函〔2021〕397号),鼓励使用可循环利用环保包材,减少物流过程中的二次包装,推动货物包装和物流器具绿色化、减量化、可循环。

2021年11月,交通运输部印发《综合运输服务"十四五"发展规划》(交运发〔2021〕111号),提出要开展标准化物流周转箱循环应用推广行动。在"十四五"期间要结合交通强国试点、城市绿色货运配送示范工程等工作,加大标准化物流周转箱循环应用的推广力度,积极运用防水芯片和二维码技术,实现周转箱、货物数据跟踪和质量溯源,推动形成标准化周转箱国内大循环体系。

2021年12月,国务院办公厅印发《"十四五"冷链物流发展规划》(国办发〔2021〕46号),将"促进运输载器具单元化"作为提高冷链运输服务质量的技术手段,鼓励批发、零售、电商等企业将标准化托盘、周转箱(筐)作为采购订货、收验货的计量单元,加强标准化冷链载器具循环共用体系建设,鼓励企业研发应用适合果蔬等农产品的单元化包装,推动冷链运输全程"不倒托""不倒箱",减少流通环节损耗。

在国家一系列冷链物流政策推动和引导下,可循环共用的托盘、周转箱创新应用模式正在全国范围内逐渐得到推广应用。

8.1.2 果蔬类周转箱的标准化情况

为规范果蔬类周转箱的合理选用,2021年我国相继颁布了三项配套的国家标准,如表8-1所示。根据GB/T 39907—2021,周转箱是可重复、循环使用的小型箱式集装器具。标准化物流周转箱的循环共用可大幅减少一次性包装物的用量，实现物流包装的可循环减量化，有利于改善市场环境，推进生态文明的建设。因此，果蔬类周转箱的循环共用不仅是果蔬业减少损耗的迫切需求，也是物流行业提质增效、绿色低碳转型发展的必由之路。

表 8-1 果蔬类周转箱选用的国家标准

标准编号	标准名称	标准内容与适用范围	发布日期	实施日期
GB/T 39907—2021	《果蔬类周转箱尺寸系列及技术要求》	规定了果蔬类周转箱的尺寸系列、技术要求和试验方法；适用于用塑料制成的果蔬类周转箱的设计与生产	2021-08-20	2022-03-01
GB/T 40065—2021	《果蔬类周转箱循环共用管理规范》	规定了果蔬类周转箱循环共用的总体要求、参与方的要求、作业管理要求、信息管理要求，以及评价与改进；适用于用塑料制成的果蔬类周转箱循环共用的管理	2021-08-20	2022-03-01
GB/T 40569—2021	《物流周转箱标识与管理要求》	规定了物流周转箱的编码规则、标识要求及标识管理要求；适用于物流周转箱信息的编码和标识，以及信息处理、交换与管理	2021-10-11	2022-05-01

8.1.3 果蔬托盘的标准化情况

根据国家标准《物流术语》（GB/T 18354—2021）中的定义，托盘是在运输、搬运和存储过程中，将物品规整为货物单元时，作为承载面并包括承载面上辅助结构件的装置。

多年来，我国政府鼓励在社会各领域广泛推广应用托盘单元化物流系统，已经形成了完善的托盘单元化物流系统的标准体系，为托盘的选型设计、质量检验、运营管理、货物堆码等作业提供了规范要求。现将托盘单元化相关标准整理列表，如表 8-2 所示。

由表 8-1、表 8-2 可见，果蔬类周转箱、托盘单元化的标准内容涵盖了从结构选型到使用管理等各方面的具体要求，为果蔬冷链物流集装器具的选型、设计与应用管理提供了基本依据。

从低碳化角度考虑，集装器具的合理选用应以物流模数为基本依据，以标准化为切入点，通过集装化技术手段，构建果蔬冷链物流单元化循环共用系统，有序推进集装器具与货架、仓库、货运汽车及物流中心等相关设施设备之间的合理匹配，从而实现物流设施设备的高效利用。

表 8-2　托盘单元化物流系统相关标准

标准编号	标准名称	标准内容与适用范围	发布日期	实施日期
GB/T 3716—2000	《托盘术语》	规定了托盘、滑板及其结构的术语;适用于货物储运、仓储部门和与其有关的科研、教学、设计、生产等单位	2000-01-03	2000-08-01
GB/T 2934—2007	《联运通用平托盘 主要尺寸及公差》	规定了联运通用平托盘的平面尺寸及公差、其他主要尺寸及公差;适用于公路、铁路和水路的联运通用平托盘	2007-10-11	2008-03-01
GB/T 4995—2014	《联运通用平托盘 性能要求和试验选择》	规定了联运通用平托盘的性能要求和试验选择原则;适用于公路、铁路和水路的联运通用平托盘的设计、生产、检验及使用	2014-09-03	2014-12-01
GB/T 4996—2014	《联运通用平托盘 试验方法》	规定了评价联运通用平托盘性能的试验方法;适用于公路、铁路和水路联运通用平托盘的设计、生产、检验及使用	2014-10-10	2015-06-01
GB/T 37106—2018	《托盘单元化物流系统 托盘设计准则》	规定了托盘单元化物流系统中流通的平托盘、箱式托盘、立柱式托盘和滑板托盘的设计准则和射频识别标签及条码符号的基本要求;适用于托盘单元化物流系统内平面尺寸为 1200mm×1000mm 的托盘的设计和生产	2018-12-28	2019-07-01
GB/T 37922—2019	《托盘单元化物流系统 通用技术条件》	规定了托盘单元化物流系统中常用的托盘集装单元、托盘、单元货物包装容器、装卸及搬运设备、仓储货架、集装箱及运输车辆的要求;适用于流通托盘平面尺寸为 1200mm×1000mm 的托盘单元化物流系统	2019-08-30	2020-03-01
GB/T 34397—2017	《托盘共用系统管理规范》	规定了托盘共用系统运营管理的基本框架,规范了托盘共用系统的服务保障、共用托盘的通用要求、作业和运营管理信息平台的基本要求;适用于托盘共用系统的管理	2017-10-14	2018-05-01

续表

标准编号	标准名称	标准内容与适用范围	发布日期	实施日期
GB/T 35781—2017	《托盘共用系统塑料平托盘》	规定了托盘共用系统塑料平托盘的分类、要求及试验方法、检测规则、运输、储存、标志等；适用于共用系统中的塑料平托盘	2017-12-29	2018-07-01
GB/T 34396—2017	《托盘共用系统木质平托盘维修规范》	规定了托盘共用系统中木质平托盘判定维修准则、维修要求、维修标识、维修检验及回收处理；适用于托盘共用系统木质平托盘的维修	2017-10-14	2018-05-01
GB/T 38115—2019	《托盘共用系统信息化管理要求》	规定了托盘共用系统信息化管理的基本要求、平台管理要求和信息管理要求；适用于托盘共用系统的信息化管理	2019-10-18	2020-05-01
GB/T 35412—2017	《托盘共用系统电子标签（RFID）应用规范》	规定了托盘共用系统运营管理所涉及的电子标签的通用技术要求、与条码的匹配方式、作业内容及异常情况处理方法；适用于托盘共用系统托盘的信息表示、信息采集与信息交换	2017-12-29	2018-07-01
GB/T 40481—2021	《联运通用滑板托盘尺寸及性能要求》	规定了联运通用滑板托盘的组成及名称、结构、材质代号、装载质量、材料、尺寸、性能要求及试验；适用于将产品和货物组合成单元货物及使用带有推拉装置的叉车进行装卸、运输和储存的联运通用滑板托盘的设计、生产、检验及使用	2021-08-20	2022-03-01
GB/T 31148—2022	《木质平托盘通用技术要求》	规定了木质平托盘的样式和结构、要求、试验方法、检验规则，以及标志、包装、运输与储存等内容；适用于重复使用的木质平托盘的设计、生产和检验	2022-03-09	2022-10-01

8.2 果蔬类周转箱的合理选用

8.2.1 果蔬类周转箱的结构类型

根据国家标准《果蔬类周转箱尺寸系列及技术要求》（GB/T 39907—2021），果蔬类周转箱可分为通用型、折叠型和斜插型周转箱，如图8-1～

周转箱的合理选用

图 8-3 所示。与通用型周转箱相比，折叠型周转箱和斜插型周转箱在循环共用系统中，可有效减少空箱回收时占用的载运工具空间，提高载运工具的空间利用效率。

图 8-1　通用型周转箱示例

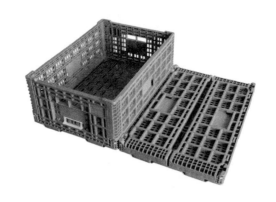

图 8-2　折叠型周转箱示例

图 8-3　斜插型周转箱示例

8.2.2 果蔬类周转箱的尺寸规格与技术要求

根据国家标准《果蔬类周转箱尺寸系列及技术要求》(GB/T 39907—2021)，果蔬类周转箱的尺寸规格、箱体载重及堆垛承重如表 8-3 所示。果蔬类周转箱的技术要求如表 8-4 所示。

表 8-3 果蔬类周转箱的尺寸规格、箱体载重及堆垛承重

长（mm）×宽（mm）	高/mm	最大箱体载重/kg	最大堆垛承重/kg
600×400	120、140、160、180	15	250
	220、230	20	250
	290、300	25	250
	340	30	250
400×300	120、140、160	15	250
	180	18	250
	220、230	20	250
300×200	180	5	60
	220	5	60

表 8-4 果蔬类周转箱的技术要求

项目	技术要求
外观要求	（1）果蔬类周转箱外观应符合下列要求： ① 标识至少包括生产商名称、地址和生产日期，标识应清晰、牢固； ② 产品无色差，色泽一致； ③ 完整无残缺，无变形，光滑平整； ④ 浇口平整，无突出和残留； ⑤ 边角及端手部无毛刺，无飞边，无气泡 （2）果蔬类周转箱外壁宜预留射频识别电子标签或芯片等载体标识的放置位置
尺寸偏差要求	周转箱尺寸偏差应符合包装行业标准《塑料物流周转箱》(BB/T 0043—2007) 中第 4.1 条的要求
透气性要求	周转箱应有有利于空气流通的孔洞
食品安全性要求	周转箱材料安全性应满足国家标准《食品安全国家标准 食品接触用塑料材料及制品》(GB 4806.7—2016) 中的规定，添加剂的使用和迁移限量应满足国家标准《食品安全国家标准 食品接触材料及制品用添加剂使用标准》(GB 9685—2016) 的规定

续表

项目	技术要求
储存环境适应性要求	周转箱应在-30~50℃环境下满足 GB/T 39907—2021 第 5 章、第 6 章中的技术要求；当周转箱在<-30℃或>50℃环境下使用时，应考虑周转箱的储存环境，或使用满足储存环境的周转箱
折叠功能要求	可折叠型的周转箱，折叠与展开应灵活方便，无卡滞、不到位现象，扣紧后应无明显松动
物理机械性能要求	（1）堆码性能：箱体高度变化率应≤2.0% （2）抗滑垛：同规格的周转箱堆垛时应不滑垛 （3）侧壁变形率：≤1.0% （4）空箱压力性能：产品应无明显变形、无裂纹、无破损等功能性损伤 （5）振动性能：产品应无裂纹 （6）跌落性能：产品应无裂纹 （7）悬挂性能：产品应无裂纹 （8）耐冲击性：水平冲击后应无破损、无裂纹和无明显变形
抗老化性	实验室光源人工气候老化后的氧化诱导时间（等温 OIT）应不小于 8min

8.2.3 果蔬类周转箱循环共用模式

根据国家标准《果蔬类周转箱循环共用管理规范》（GB/T 40065—2021），果蔬类周转箱循环共用是指采用符合统一的技术要求、具有可互换性的果蔬类周转箱，实现其在不同用户间的应用与流转，为众多用户共同服务的组织活动。推广果蔬类周转箱的循环共用，逐渐取代一次性包装的使用，保障果蔬品质，降低冷链物流成本已在生鲜果蔬行业达成共识。图 8-4 所示为农超对接果蔬类周转箱循环共用模式应用示例。在该模式中，果蔬生产基地采摘的水果、蔬菜经分级与简单加工处理后直接装入周转箱，经产地预冷后直接配送到连锁超市、便利店等终端客户。终端客户直接将果蔬类周转箱货物摆放在超市、便利店进行销售，当销售完毕后，再将周转箱回收利用。由于物流周转箱结构稳固，可使箱内产品得到有效保护，因此大大降低了货损货差。周转箱还可以通过独特的结构设计，便于搬运、折叠、堆叠等操作，从而减少了空箱的占用空间，提高了空箱回收时的车辆容积利用率。据统计测算，若我国全面采用物流周转箱循环共用模式，每年可以减少水果蔬菜损耗 2.6 亿吨以上，减少城市垃圾 1.3 亿吨以上。

图 8-4 彩图

第 8 章
集装器具的合理选型及 CAD 应用实训

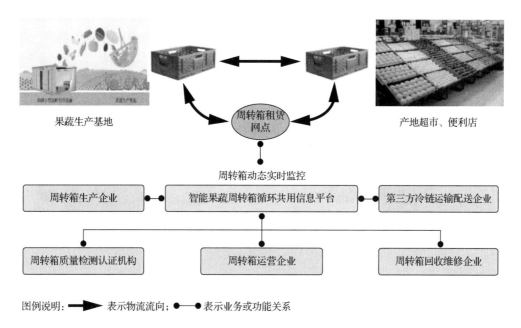

图 8-4　农超对接果蔬类周转箱循环共用模式应用示例

8.3　果蔬托盘的合理选用

8.3.1　托盘的类型

根据国家标准《托盘单元化物流系统　托盘设计准则》（GB/T 37106—2018），在托盘单元化物流系统中，托盘的类型如图 8-5 所示。

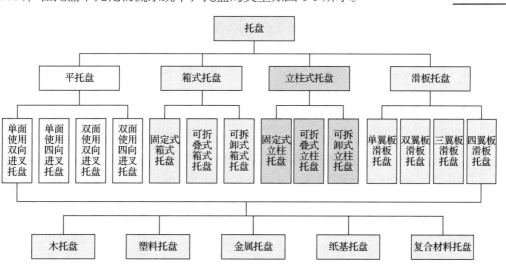

图 8-5　托盘的类型

按托盘的结构特点，托盘可分为平托盘、箱式托盘、立柱式托盘和滑板托盘四种类型，如图 8-6 所示。

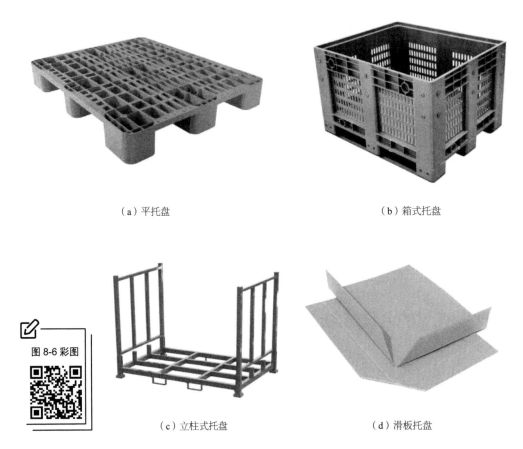

（a）平托盘　　　　　　　　　　　　（b）箱式托盘

（c）立柱式托盘　　　　　　　　　　（d）滑板托盘

图 8-6　按结构特点划分的托盘类型

按托盘的制作材料，托盘可分为木托盘、塑料托盘、金属托盘、纸基托盘、复合材料托盘五种类型。

平托盘是应用最广泛的通用托盘，按使用和进叉方式，平托盘可分为单面使用双向进叉、单面使用四向进叉、双面使用双向进叉和双面使用四向进叉四种结构形式，如图 8-7 所示。单面使用托盘（non-reversible pallet）是指仅有一面可用于堆码货物的托盘。双面使用托盘（reversible pallet）是指上下两面有相同铺板，均可以用来堆放货物，并具有相同承载能力的托盘。双向进叉托盘（two-way pallet）是指允许叉车、托盘搬运车和托盘堆垛机的货叉仅从两个相反方向插入的托盘。四向进叉托盘（four-way pallet）是指允许叉车、托盘搬运车和托盘堆垛机的货叉从四个方向插入的托盘。

（a）单面使用双向进叉托盘

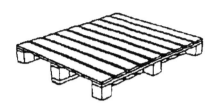
（b）单面使用四向进叉托盘

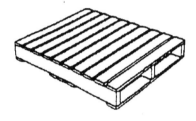
（c）双面使用双向进叉托盘

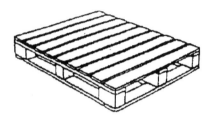
（d）双面使用四向进叉托盘

图 8-7 平托盘的结构形式

箱式托盘和立柱式托盘又可分为固定式、可折叠式和可拆卸式三种结构类型。从使用情况来看，可折叠式和可拆卸式托盘方便空托盘回收，能够降低空托盘回收占用的空间，提高回收车辆的空间利用率。

滑板托盘是近几年发展起来的一种新型托盘类型，以滑板托盘为集装器具构建的托盘单元化物流系统，可充分利用载运工具的空间，有效提高载运工具的装载率和装卸效率，且能够降低物流成本，因此，滑板托盘在各领域的应用越来越广泛，其基本结构如图 8-8 所示。按照滑板托盘的翼板数量，滑板托盘有单翼滑板托盘、对边双翼滑板托盘、邻边双翼滑板托盘、三翼滑板托盘和四翼滑板托盘五种结构形式，如图 8-9 所示。

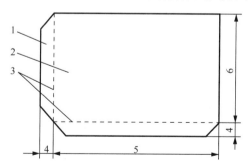

1—翼板；2—受载面；3—划线；4—翼板宽度；5—滑板托盘长度；6—滑板托盘宽度

图 8-8 滑板托盘的基本结构

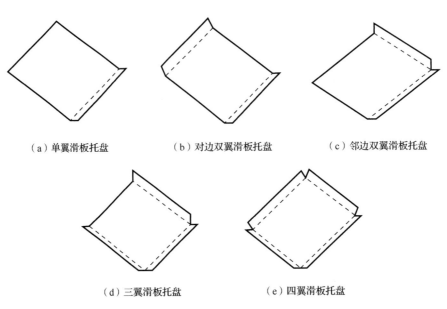

(a) 单翼滑板托盘　　(b) 对边双翼滑板托盘　　(c) 邻边双翼滑板托盘

(d) 三翼滑板托盘　　(e) 四翼滑板托盘

图 8-9　滑板托盘的结构形式

8.3.2　托盘的尺寸规格与技术要求

1. 平托盘的尺寸规格与性能要求

根据国家标准《联运通用平托盘　主要尺寸及公差》（GB/T 2934—2007），平托盘的平面尺寸优先选用 1200mm×1000mm，平托盘的额定载荷为 1000kg。

平托盘的使用性能应满足国家标准《托盘单元化物流系统　托盘设计准则》（GB/T 37106—2018）第 5.3 条的要求。平托盘应根据其使用环境选择适宜的试验项目对其性能进行评价。对于平托盘，标准规定的试验项目有抗弯试验、叉举试验、垫块或纵梁抗压试验、堆码试验、底铺板抗弯试验和翼托盘抗弯试验，具体试验项目的选择及试验方法详见国家标准《托盘单元化物流系统　托盘设计准则》（GB/T 37106—2018）第 5.4 条、第 5.5 条。

2. 箱式托盘的尺寸规格与性能要求

根据国家标准《托盘单元化物流系统　托盘设计准则》（GB/T 37106—2018），箱式托盘的平面尺寸为 1200mm×1000mm，高度应根据其用途在 2200mm 以下选取。可折叠式箱式托盘装配好折叠部分后，其外廓尺寸应在规定尺寸以内。不带轮可堆码箱式托盘的额定载荷为 1000kg，带轮箱式托盘的额定载荷为 500kg。

箱式托盘的使用性能应满足国家标准《托盘单元化物流系统　托盘设计准则》（GB/T 37106—2018）第 6.4 条的要求。箱式托盘应根据其使用环境选择适宜的试验项目对其性能进行客观评价。

3. 立柱式托盘的尺寸规格与性能要求

根据国家标准《托盘单元化物流系统 托盘设计准则》(GB/T 37106—2018)，立柱式托盘的平面尺寸为 1200mm×1000mm，高度应根据其用途在 2200mm 以下选取。可折叠式立柱式托盘装配好折叠部分后，其外廓尺寸应在规定尺寸以内。立柱式托盘的额定载荷为 1000kg。

立柱式托盘的使用性能应满足国家标准《托盘单元化物流系统 托盘设计准则》(GB/T 37106—2018) 第 7.4 条的要求。立柱式托盘应根据规定的试验方法对托盘的性能进行客观评价。

4. 滑板托盘的尺寸规格与性能要求

滑板托盘的尺寸规格与性能要求应满足国家标准《联运通用滑板托盘尺寸及性能要求》(GB/T 40481—2021)。滑板托盘的基本尺寸是指滑板托盘受载面的平面尺寸，根据标准规定，滑板托盘基本尺寸和装载单元货物的平面尺寸应满足以下要求。

（1）滑板托盘基本尺寸应与单元货物的平面尺寸大致相等，原则上采用 1200mm×1000mm。滑板托盘长度可比单元货物长，但最多不超过 50mm，滑板托盘宽度不得小于单元货物尺寸 10mm，也不应大于单元货物尺寸 50mm。

（2）翼板宽度应不小于 60mm 且不大于 105mm。

（3）采用瓦楞纸板、牛卡纸和塑料三种材质的翼板托盘，其厚度不应小于 0.6mm。

根据国家标准《托盘单元化物流系统 托盘设计准则》(GB/T 37106—2018)，在托盘单元化物流系统中滑板托盘的额定载荷为 1000kg。

国家标准《联运通用滑板托盘尺寸及性能要求》(GB/T 40481—2021) 和国家标准《托盘单元化物流系统 托盘设计准则》(GB/T 37106—2018) 都对滑板托盘的使用性能作出了详细规定，滑板托盘应进行抗拉强度试验、刚度试验、耐用性试验和摩擦特性试验，以评判滑板托盘的使用性能，具体试验方法见标准相关条款。

8.4 标准托盘选型的 CAD 应用实训

托盘作为标准化集装器具，其设计应满足标准规定的技术要求。在此，我们以托盘单元化物流系统中木质平托盘为例详细阐述其 CAD 平面结构图的绘制方法。

8.4.1 托盘的结构尺寸

根据国家标准《木质平托盘 通用技术要求》(GB/T 31148—2022)，木质平托盘有四种结构形式,分别为长纵梁板式、短纵梁板式、周底式和双面式,如图 8-10 所示。长纵梁板式托盘的结构特点是纵梁板长度沿托盘的长度方向布置,单面使用,四向进叉,纵梁板长度方向与底铺板长度方向相同。短纵梁板式托盘的结构特点是托盘的纵梁板长度沿托盘的宽度方向布置,单面使用,四向进叉,纵梁板长度方向与底铺板长度方向在空间上呈垂直状态。周底式托盘的结构特点是纵梁板长度沿托盘的长度方向布置,单面使用,四向进叉,底铺板呈"日"字形。双面式托盘的结构特点是垫块与纵梁板合二为一,托盘的上下两面均可承载货物,两向进叉。

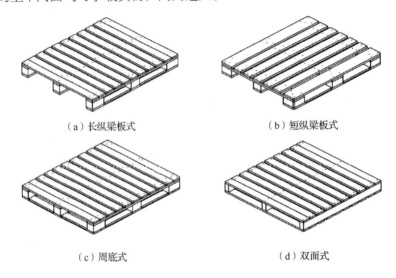

图 8-10 木质平托盘的结构形式

长纵梁板式托盘的基本结构如图 8-11 所示,由上铺板、纵梁板、垫块和下铺板组成,其叉孔的水平尺寸示意图如图 8-12 所示,具体尺寸如表 8-5 所示。

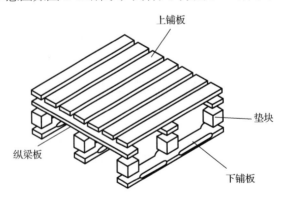

图 8-11 长纵梁板式托盘的基本结构

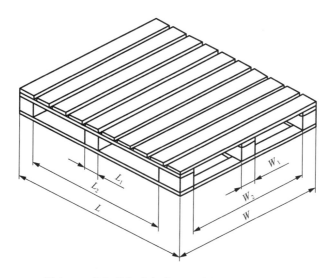

图 8-12　长纵梁板式托盘叉孔的水平尺寸示意图

表 8-5　长纵梁板式托盘叉孔的水平尺寸　　　　　　　　单位：mm

托盘公称尺寸	叉孔	
（L 或 W）	L_1 或 W_1 的最大值	L_2 或 W_2 的最小值
≥1000	160	710

根据国家标准《联运通用平托盘　主要尺寸及公差》(GB/T 2934—2007)，托盘的平面尺寸优先选用 1200mm×1000mm，因此，图 8-12 中托盘的长度（L）为 1200mm，宽度（W）为 1000mm。若选用托盘搬运车搬运托盘，叉孔的高度应不小于 95mm；若选用叉车搬运托盘，叉孔的高度应不小于 60mm；满足其他装卸搬运设备使用的托盘，叉孔的高度应不小于 100mm。本案例设计托盘叉孔的高度尺寸为 95mm，能够同时满足叉车和托盘搬运车的使用要求。

8.4.2　托盘 CAD 平面结构图的绘制方法

基于 8.4.1 节所述内容，我们以长纵梁板式托盘为例，按照俯视图、主视图、左视图的基本绘图顺序阐述其 CAD 平面结构设计的方法与步骤。

首先，绘制托盘的俯视图，绘制方法与步骤如下。

（1）打开"正交"模式，利用直线命令 LINE（或简写为 L），绘制 1200mm×1000mm 的矩形，如图 8-13（a）所示。

（2）利用偏移命令 OFFSET（或简写为 O）绘制托盘的上铺板，如图 8-13（b）所示。

（3）利用偏移命令 OFFSET（或简写为 O）绘制托盘的纵梁板，如图 8-13（c）所示。

（4）利用修剪命令 TRIM，按系统提示将多余的线段剪掉，完成托盘俯视图的绘制，如图 8-13（d）所示。

在图 8-13（d）的基础上绘制托盘的主视图，绘制方法与步骤如下。

（5）利用直线命令 LINE（或简写为 L），绘制主视图的外廓形状与尺寸，如图 8-14（a）所示。

（6）利用偏移命令 OFFSET（或简写为 O）绘制下铺板、垫块、纵梁板与上铺板。按系统提示在垂直方向分别输入下铺板高度 25mm、垫块高度 95mm、纵梁板高度 25mm；在水平方向分别输入下铺板、垫块和上铺板的长度，均为 160mm，叉孔宽度 360mm，完成主视图的初步图形，如图 8-14（b）所示。

（7）利用修剪命令 TRIM 将多余的线段剪掉，完成托盘主视图的绘制，如图 8-14（c）所示。

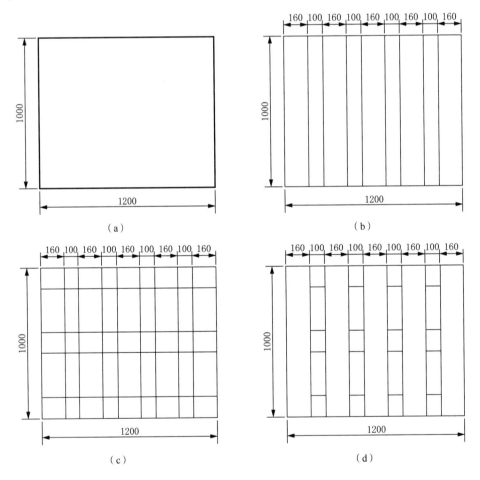

图 8-13 托盘俯视图的绘图步骤

第 8 章
集装器具的合理选型及 CAD 应用实训

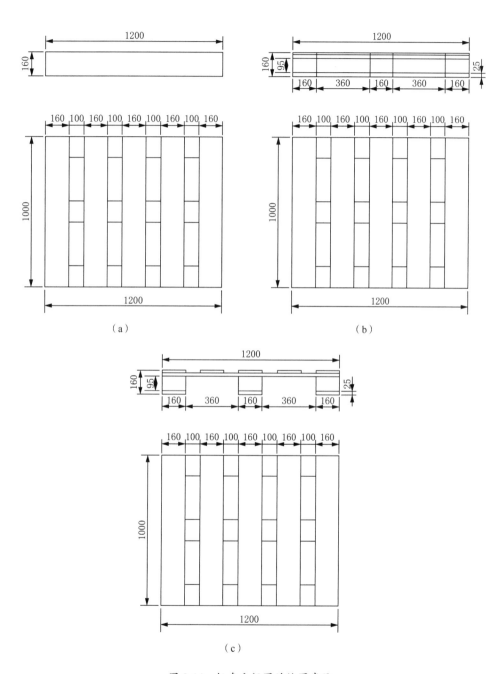

图 8-14 托盘主视图的绘图步骤

在完成上述步骤的基础上，进行左视图的绘制，绘制方法与步骤如下。

（8）利用直线命令 LINE（或简写为 L），绘制左视图的外廓形状与尺寸，如图 8-15（a）所示。

（9）利用偏移命令 OFFSET（或简写为 O）绘制下铺板、垫块、纵梁板与上铺板。按系统提示在垂直方向从下至上分别输入下铺板高度 25mm、垫块高度 95mm、纵梁板高度 25mm；在水平方向自左至右分别输入垫块的纵梁板宽度，均为 140mm，叉孔宽度 290mm，完成左视图的初步图形，如图 8-15（b）所示。

（10）利用修剪命令 TRIM 将多余的线段剪掉，完成托盘左视图的绘制，如图 8-15（c）所示。

通过以上 10 个步骤完成了托盘三视图的绘制过程，为方便读者直观地看图，下面对托盘的构成部件用不同的颜色表示出来。

（11）利用图案填充命令用不同的颜色或图案表示托盘的上下铺板、纵梁板和垫块，如图 8-16 所示。

通过以上 11 个步骤，完成了长纵梁板式托盘平面三视图的绘制过程。

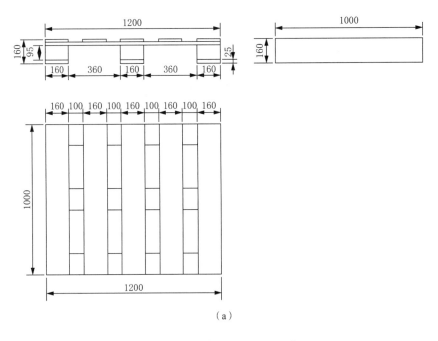

（a）

图 8-15　托盘左视图的绘图步骤

第 8 章
集装器具的合理选型及 CAD 应用实训

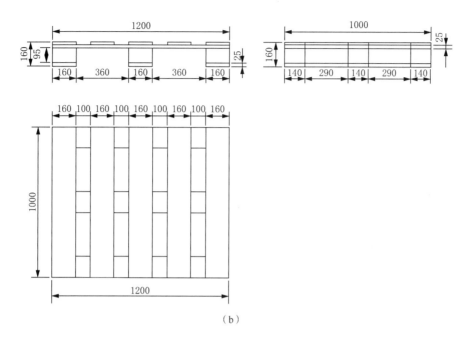

(b)

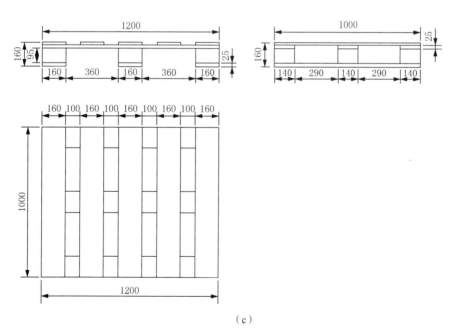

(c)

图 8-15 (续)

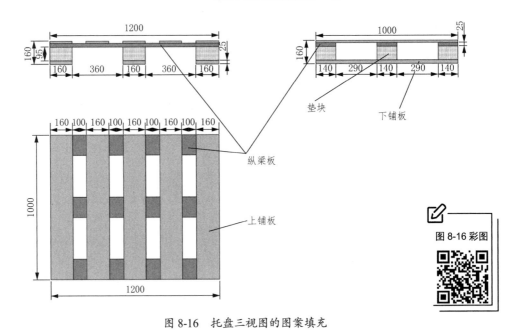

图 8-16　托盘三视图的图案填充

本章小结

常用的标准集装器具包括周转箱、托盘和集装箱等，本章整理了与集装器具合理选型有关的国家政策法规和标准，介绍了果蔬类周转箱、托盘的结构类型、尺寸规格与技术要求；以托盘单元化物流系统中木托盘的合理选用为例，详细说明了托盘的结构组成、CAD 三视图的绘制方法与步骤。通过本章的学习，学生能够根据实际需求，合理选择托盘的结构类型、尺寸规格，并利用 CAD 技术精确地表达物流集装器具产品结构设计方案。

本章习题

1. 简答题

（1）果蔬类周转箱的选用应满足哪些国家标准？根据国家标准，果蔬类周转箱有哪些结构类型？

（2）在国家标准中，果蔬类周转箱的尺寸规格是如何规定的？

（3）托盘是如何分类的？托盘选型设计的依据有哪些标准规范？托盘规格尺寸如何确定？

（4）在国家标准中，联运通用平托盘的平面尺寸是如何规定的？

（5）根据国家标准，在托盘单元化物流系统中可选用的托盘结构类型有哪些？

2. 上机实训

以某一种具体的标准托盘结构类型为例，精确地绘制其完整的平面结构三视图，用多行文字形式输入技术要求并放在图中适当位置，绘制标题栏，用 PDF 格式打印输出电子版产品技术图纸。

第 9 章
货架的合理选型及 CAD 应用实训

📦【教学目标】

（1）了解货架选用的有关标准。
（2）掌握货架的结构类型与技术要求。
（3）掌握货架选型设计的思路与方法。
（4）掌握托盘式货架的结构组成及货格尺寸的确定方法。
（5）能够运用 CAD 技术精确地表达货架结构设计方案。

9.1 概述

货架是由立柱、隔板或横梁等结构件组成的储物设施。货架的基本作用包括：充分利用仓库空间，提高库容利用率，扩大仓库储存能力；保证货物的安全，存入货架中的货物互不挤压，减少货品损失；存取方便，便于盘点和计量，可实现按不同保管原则存取货物。

我国常见的果蔬储存方式如图 9-1 和图 9-2 所示。图 9-1（a）和（b）是两种最传统的储存方式，是用简易的包装袋或塑料箱集装后直接就地堆放，货压货现象严重，极易造成果蔬损伤，而且被压在底部的果蔬因不能保证满足储存条件而会造成品质降低。另外，这两种方式只能靠人力进行装卸及堆垛作业，作业效率较低，仓库上部空间不能充分利用。图 9-1（c）是将果蔬包装后，堆码到托盘上就地存储的方式，这种方式便于使用叉车等进行装卸作业，相对前两种方式，能够在一定程度上改善果蔬储存条件，提高作业效率。图 9-1（d）为两层托盘就地堆放方式，仓库的高度空间进一步得到利用，较

第 9 章
货架的合理选型及 CAD 应用实训

前三种方式又进一步提高了仓库的空间利用率。上述四种储存方式都是单层的无货架储存方式，冷库的空间利用率不足 50%，当物品堆码达到一定高度时，纸箱外包装因重压变形、吸潮等原因极易造成包装破裂、倒塌等现象，导致果蔬品质降低，造成较大的经济损失。为此，采用如图 9-2 所示的托盘式货架储存方式，在储存环境条件、仓储空间利用及作业效率等各方面均有较大的改善和提高，因此，货架储存方式成为果蔬冷链物流的主流储存方式。而货架的结构类型、规格尺寸与空间布局的合理性直接影响整个系统的运作效率和成本大小，因此，果蔬冷藏货架的合理选型是一项非常专业的技术工作。

（a）简易包装就地堆放

（b）周转箱就地堆放

（c）单层托盘就地堆放

（d）两层托盘就地堆放

图 9-1 彩图

图 9-1 传统的果蔬储存方式

为规范货架行业发展，我国已经发布了比较完善的货架国家标准和行业标准，如表 9-1 所示。标准内容覆盖了基础术语、分类、设计与应用等。党的二十大报告中指出，"推动经济社会发展绿色化、低碳化是实现高质量发展的关键环节"。为提高货架使用效率，提高社会效益，降低货架行业材料消耗，各行业在选用货架时均要符合相关标准，促进物流行业绿色低碳发展。

图 9-2 托盘式货架储存方式

表 9-1 货架选用的相关标准

标准编号	标准名称	标准内容与适用范围	发布日期	实施日期
GB/T 27924—2011	《工业货架规格尺寸与额定荷载》	规定了工业货架的尺寸系列及额定荷载；适用于以托盘为装载单元、单元荷载不超过 2t 的组装式工业货架，包括自动化立体仓库货架、窄巷道托盘货架、普通托盘货架、驶入式货架、重力式货架、压入式货架等	2011-12-30	2012-05-01
WB/T 1044—2012	《托盘式货架》	规定了托盘式货架形式、等级及载荷，货架的材料、结构和尺寸，货架的性能要求、喷涂要求和检验方法等；适用于以叉车为主保管托盘单元货品的装配式货架，不适用于以有轨堆垛起重机为主保管托盘单元货品的自动化仓库用货架	2012-03-24	2012-07-01
GB/T 28576—2012	《工业货架设计计算》	规定了组装式工业货架的基本结构、计算模型、计算工况与荷载组合，以及强度、刚度与稳定性校核方法；适用于组装式工业货架中的自动化立体仓库货架、窄巷道托盘货架、普通托盘货架的设计计算	2012-06-29	2012-10-01
GB/T 30675—2014	《阁楼式货架》	规定了阁楼式货架的术语和定义、分类与标记、材料、要求、试验方法、检验规则和标志、包装、运输、储存；适用于用型钢制成的，由立柱、支撑梁、楼面板、楼梯、护栏、货架等组成，楼层不低于二层（含二层）的阁楼式货架	2014-12-31	2015-07-01

续表

标准编号	标准名称	标准内容与适用范围	发布日期	实施日期
GB/T 33454—2016	《仓储货架使用规范》	规定了仓储货架的使用要求、操作要求和维护检查；适用于以人工或叉车存取货物的仓储货架，不适用于自动化立体仓库及其他自动化仓储货架	2016-12-30	2017-07-01
GB/T 37922—2019	《托盘单元化物流系统 通用技术条件》	规定了托盘单元化物流系统中常用的托盘集装单元、托盘、单元货物包装容器、装卸及搬运设备、仓储货架、集装箱及运输车辆的要求；适用于流通托盘平面尺寸为 1200mm×1000mm 的托盘单元化物流系统	2019-08-30	2020-03-01
GB/T 39681—2020	《立体仓库货架系统设计规范》	规定了立体仓库货架系统术语、材料、荷载组合、货架设计及测试方法；适用于以冷弯型钢或热轧型钢构件制成，主要承受静载的立体仓库货架系统	2020-12-14	2021-07-01
WB/T 1042—2021	《货架术语》	界定了货架的基本名词术语、基本类型术语、主要构件术语、辅助构件术语、承载能力及装载质量术语；适用于各类仓储业使用的各种组装式钢结构货架	2021-05-31	2021-07-01
WB/T 1043—2021	《货架分类及代号》	规定了仓储货架的分类，并根据功能分类规定其代号；适用于以冷弯型钢或热轧型钢制作的各类仓储使用的组装式钢结构货架	2021-05-31	2021-07-01
GB/T 39830—2021	《立体仓库钢结构货架抗震设计规范》	规定了地震作用下立体仓库钢结构货架的设计规范，包括一般规定、抗震设计流程、地震作用及结构抗震计算、分析方法及构造要求；适用于钢结构货架，不适用于以其他材料制作的货架	2021-03-09	2021-10-01
GB/T 41514—2022	《钢结构货架使用安全与评估规范》	规定了钢结构货架的使用安全检查、安全评估、风险评估原则及控制、评估报告等；适用于各类钢结构货架整体和各类钢结构货架中的构件，以及重要节点的损伤评估	2022-07-11	2023-02-01

9.2 货架的结构类型

按货架构件组成方式不同，可分为焊接式货架和组装式货架。焊接式货架是由立柱、横梁等承载构件整体焊接而成的货架。组装式货架是由立柱、横梁等承载构件构成的可重复拆装的货架。

依据物流行业标准《货架分类及代号》（WB/T 1043—2021），货架可以从不同的角度进行分类。

1. 按货架在地面上的固定形式分类

按货架在地面上的固定形式，可分为固定货架和移动货架两大类。固定货架是指整体相对地面固定不动的货架。移动货架是指主体相对地面可移动的货架。

2. 按货架与仓库建筑结构的连接形式分类

按货架与仓库建筑结构的连接形式，可分为库架分离式货架和库架合一式货架两大类。库架分离式货架是指组成货架的钢结构件与仓库建筑物分离的固定型货架。库架合一式货架是指组成货架的钢结构件兼作仓库建筑物承重结构构件的货架。

3. 按货架的功能和结构特点分类

按货架的功能和结构特点，可分为托盘式货架、搁板式货架、阁楼式货架、悬臂式货架、旋转式货架、移动式货架、驶入式货架、重力式货架、穿梭小车式货架等。

托盘式货架是最常见的货架形式，它是专门储存托盘集装单元的货架（图9-2）。

搁板式货架是指储存货物的直接承载构件为搁板的货架，如图9-3所示。

阁楼式货架通过楼面层板将货架从上至下分为2~3个功能区，通过楼梯可人工上下存取货物，可根据库存物资的特点合理使用储存空间，如图9-4所示。

悬臂式货架是指储存货物的直接承载构件为悬臂结构的货架，如图9-5所示。

旋转式货架是指货架能够按一定规则相对旋转的货架，按货架旋转的方向可分为水平旋转式货架和垂直旋转式货架两种结构类型。

移动式货架是指能够沿轨道移动的货架，如图9-6所示。

驶入式货架是指叉车等装卸机械可以驶入存储区域并进行存取作业的货架，如图9-7所示。

重力式货架是指货架的各个层的两端有一定的高度差，从高端进行入库作业，货物在自身重力作用下沿辊道承载面移动到货架的较低端，如图9-8所示。

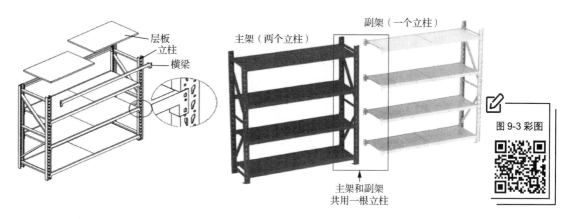

图 9-3 搁板式货架

图 9-4 阁楼式货架

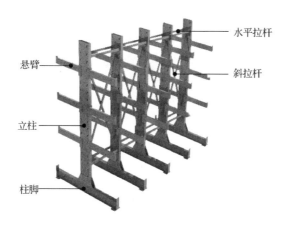

图 9-5 悬臂式货架

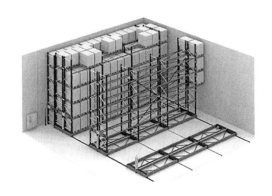

图 9-6 移动式货架

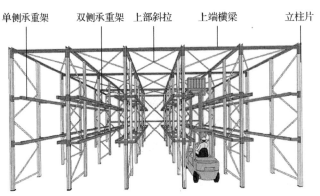

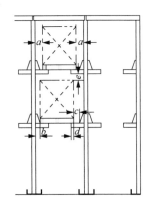

图 9-7 驶入式货架

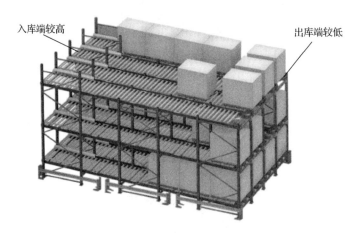

图 9-8 重力式货架

穿梭小车式货架由穿梭小车、货架系统，以及与之相适应的控制系统组成。穿梭小车的基本功能是按控制系统的指令在货架区来回穿梭实现单元货物的搬运作业，如图 9-9 所示。

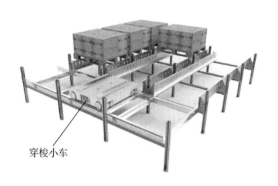

图 9-9　穿梭小车式货架

在上述货架结构类型中，移动式货架、驶入式货架、重力式货架和穿梭小车式货架均属于高密度储存货架结构类型。由于穿梭小车式货架集成了自动搬运小车和控制系统，因此具有以下特点。

① 实现托盘集装单元的高密度储存，提高仓储空间利用率，大大减少库房的建设费用。

② 可以方便地实施先进先出或先进后出的储存原则。实施"先进先出"策略的储存区布局方案示意图如图 9-10 所示，实施"先进后出"策略的储存区布局方案示意图如图 9-11 所示。

③ 遥控操作，无须驶入，出入库作业效率较高。

各种货架类型各具特点，也都有各自适宜的应用场合。总体来看，托盘式货架的通用性好，适应范围广，市场占有率较高。在碳达峰、碳中和的"双碳"目标背景下，各种高密度货架的选用是未来发展的必然趋势。低碳化冷藏货架的选用应同时从以下两大方面考虑：一是从系统的角度考虑货架与机械化、自动化搬运设备及冷库在空间尺寸上的有效衔接与合理匹配，最大限度地提高设施设备的使用效率；二是根据实际需要尽量选用密集型货架形式，进一步提高冷库的空间利用率。通过低碳化冷藏货架的合理选用，有效提高果蔬冷链物流设施与技术装备的综合使用效能，实现节能降耗的基本目标。

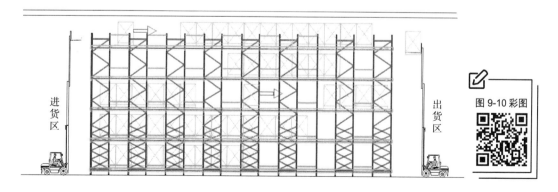

图 9-10　实施"先进先出"策略的储存区布局方案示意图

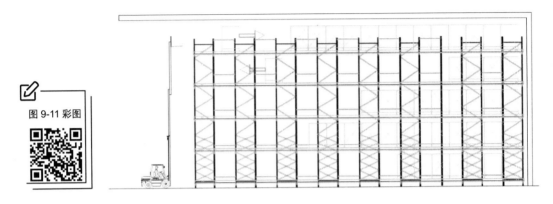

图9-11 实施"先进后出"策略的储存区布局方案示意图

9.3 果蔬冷藏货架的选型设计

果蔬冷藏货架的选型设计应遵循以下基本思路：基于标准化原则，在明确货架使用环境、技术要求和货物基本属性的前提下，确定货架的结构类型与材质性能、设计单元货格尺寸，最终形成标准化的货架设计方案。

9.3.1 果蔬冷藏货架的使用环境

根据行业标准《易腐食品冷藏链技术要求 果蔬类》（SB/T 10728—2012）的规定，各种水果、蔬菜所要求的预冷温度、冷藏温度和相对湿度都有所不同，常用果蔬适宜的冷藏温度范围在-1~15℃，相对湿度范围在 75%~98%。每一种具体的水果和蔬菜其温度、湿度要求有所不同，如芹菜的预冷温度、冷藏温度和相对湿度分别为 3~5℃、-1~0℃和 95%~98%，苹果的预冷温度、冷藏温度和相对湿度分别为 3~5℃、-1~1℃和 90%~95%，因此，果蔬冷藏货架主要应考虑其材料的选择应满足温度、湿度环境条件的适用性。

9.3.2 果蔬冷藏货架选型的技术要求

在国家标准《物流设施设备的选用参数要求》（GB/T 39660—2020）、《工业货架规格尺寸与额定荷载》（GB/T 27924—2011）和《托盘单元化物流系统 通用技术条件》（GB/T 37922—2019）中都对货架提出了具体的技术要求，现梳理总结如表9-2所示。

根据国家标准《工业货架规格尺寸与额定荷载》（GB/T 27924—2011）中的定义，托盘式货架由立柱、横梁及其他支撑连接构件通过组装而成，专门用于储存托盘单元货物。立柱和横梁作为主要承载构件，它们的机械性能必须满足承载需要，符合相关标准或规范要求。为提高货架的刚度，立柱及其截面形状如图 9-12 所示，横梁的截面形状如图 9-13 所示，立柱与横梁的连接结构如图 9-14 所示，立柱与横梁的截面尺寸如表 9-3 所示。

表9-2 相关标准对货架的技术要求

标准编号	主要技术要求
GB/T 39660—2020	（1）货格的有效宽度应根据货格的货位数、托盘尺寸、托盘与两侧货架立柱之间的安全间隙、托盘与托盘之间的安全间隙等因素确定 （2）托盘与两侧立柱之间的安全间隙不应小于 75mm，托盘与托盘之间的安全间隙不应小于 100mm，货格高度宜为 50 或 75 的整数倍。托盘单元货品与上层横梁之间的安全间隙应根据横梁高度进行调节：当横梁高度≤3000mm 时，安全间隙取 75mm；当 3000mm<横梁高度≤6000mm 时，安全间隙取 100mm；当 6000mm<横梁高度≤9000mm 时，安全间隙取 120mm；当横梁高度>9000mm 时，安全间隙取 150mm （3）货格有效深度应根据托盘尺寸以及托盘与横梁之间的安全操作间隙等因素确定
GB/T 27924—2011	（1）货格高度：50、75、100 的整数倍 （2）货格净长度：1200mm、1300mm、1500mm、1700mm、1900mm、2100mm、2300mm、2500mm、2700mm、2900mm、3100mm （3）立柱片高度：5250mm、6000mm、6750mm、7500mm、8250mm、9000mm、9750mm、10500mm、13000mm、15500mm （4）立柱片深度：800mm、900mm、1000mm、1200mm、1300mm、1400mm （5）立柱与横梁的截面尺寸按表 9-3 选取
GB/T 37922—2019	（1）货架尺寸系列和构件尺寸系列符合 GB/T 27924—2011 的规定 （2）托盘单元货架托盘之间、托盘与货架立柱之间留有安全间距的要求同 GB/T 39660—2020 （3）储存托盘单元货物时，货物超出货架宽度的安全间距每侧在 50～100mm 之间

 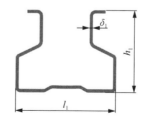 

图9-12 立柱及其截面形状

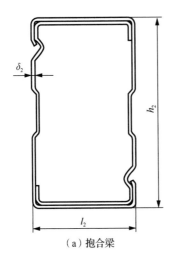
(a) 抱合梁

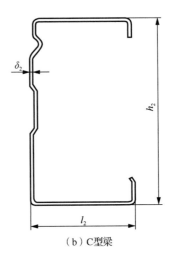
(b) C型梁

图 9-13 横梁的截面形状

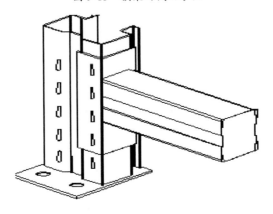

图 9-14 立柱与横梁的连接结构

表 9-3 立柱与横梁的截面尺寸

立柱的截面尺寸			横梁的截面尺寸		
参数名称	符号	尺寸系列/mm	参数名称	符号	尺寸系列/mm
截面宽度	l_1	55、80、90、100、120、140	截面宽度	l_2	40、45、50、55、60
截面高度	h_1	60、70、80、90、100、120、135、150	截面高度	h_2	80、90、100、110、120、130、140、160
壁厚	δ_1	1.5、1.8、2、2.5、3、3.5、4.0	壁厚	δ_2	1.5、1.8、2.0
孔距	d	50、75、100			

立柱与横梁是主要承载构件，它们相互连接，将储存空间分隔成一个个储存空间单元，称为货格。一个货格可以存放一个或多个托盘集装单元，一个托盘集装单元占用的

空间大小称为货位。图 9-15 所示的托盘式货架中,一个货格设有一个货位,即每个货格存放一个托盘集装单元。托盘式货架具有承重大、适应范围广、机械存取作业效率高等特点,常用的搬运机械有平衡重式叉车、前移式叉车、插腿式叉车等。

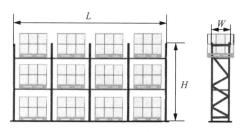

图 9-15 托盘式货架应用示意图

果蔬冷藏货架的选用除了满足上述技术要求,还需要重点考虑货架所适用的冷藏环境条件,即货架的材料应满足 9.3.1 节的环境条件要求。低温环境条件下,货架的制造钢材应具有良好的低温韧性、延展性和防锈性能,以避免发生脆性破坏和锈蚀现象。应根据果蔬类产品的预冷、冷藏环境条件选择适宜的钢材型号,并采取货架表面防腐蚀处理工艺。果蔬冷藏货架中主要构件(立柱、横梁等)的制造材料可选用普通碳素结构钢(如 Q235A 或 Q235C),货架表面处理通常采用性价比较好的喷涂(如环氧聚酯静电粉末喷涂)工艺。建议选用镀锌钢板直接生产货架,这样可免去喷涂工艺环节,能够有效减少环境污染,货架的质量及防锈效果更好,使用寿命更长,相对使用成本也有所降低。

9.3.3 果蔬冷藏货架的结构类型

根据国家标准《托盘单元化物流系统 通用技术条件》(GB/T 37922—2019),在托盘单元化物流系统中,仓储货架宜选用托盘式货架、驶入式货架、移动式货架、重力式货架、穿梭小车式货架、阁楼式货架等。各类型的货架均有不同的结构特点及适合的应用场景,应根据货物的特点、出入库作业频率等要求选用适宜的货架类型进行合理储存。其中托盘式货架兼顾了储存量与作业效率等因素而得到广泛应用。

我国早期的冷库建筑结构多为平库,层高较低,技术装备比较落后,主要以人工操作为主,高层货架使用得不多。近年来,随着我国冷链仓储行业的快速发展,用户对冷链装备的技术要求也不断提高。在土地资源稀缺、人力短缺的背景下,冷链仓储货架的发展趋势必然是密集化、自动化、智能化。

9.3.4 托盘集装单元的尺寸设计

果蔬托盘集装单元可选用两种结构方案,如图 9-16 所示。图 9-16(a)是箱式托盘结构方案,图 9-16(b)是平托盘与周转箱组合的结构方案。这两种方案均可形成一系列尺寸规格,以满足不同果蔬品类的装载要求。

根据《托盘单元化物流系统 通用技术条件》（GB/T 37922—2019）等相关标准，无论采用哪种结构方案，果蔬托盘集装单元的平面尺寸均为 1200mm×1000mm，长宽最大尺寸偏差均为+40mm，因此托盘集装单元总高度的确定成为一个关键问题。

（a）箱式托盘结构方案

图 9-16 彩图

（b）平托盘与周转箱组合的结构方案

图 9-16　果蔬托盘集装单元的结构方案

若采用箱式托盘结构方案，根据国家标准《托盘单元化物流系统 托盘设计准则》（GB/T 37106—2018）的规定，箱式托盘的平面尺寸为 1200mm×1000mm，高度应根据其用途在 2200mm 以下选取。可折叠式箱式托盘装配好折叠部分后，无论折叠与否，其外部尺寸均应在规定的尺寸以内。因此，建议果蔬箱式托盘的总体尺寸为 1200mm×1000mm×1100mm。选用这个尺寸，一方面在冷藏车内可以满足装载两层，最大限度地利用车厢内部空间，提高车辆装载效率；另一方面箱式托盘可直接根据终端用户需求就地摆放，既能满足营业需求，方便作业，又能兼顾美观，还可以在箱体上实施广告策划。

若采用平托盘与周转箱组合的结构方案，周转箱（或包装箱）应合理堆码在平托盘上，且不超过平托盘的承载面。根据《托盘单元化物流系统 通用技术条件》（GB/T 37922—2019）的规定，托盘集装单元的总高度应尽量降低且不应超过 2200mm。

因此，托盘集装单元的高度应综合考虑果蔬货品特点、果蔬类周转箱标准尺寸系列及总高度不超过 2200mm 的约束条件，以尽量提高平托盘的装载效率为目标而确定。下面以标准平托盘高度 160mm，以 600mm×400mm 系列的标准果蔬类周转箱为例，设周转箱长和宽方向的壁厚为 12mm，底部厚度为 10mm，通过计算托盘集装单元的容积利用率，得出了平托盘与周转箱匹配后其容积利用率从高到低的推荐顺序，如表 9-4 所示。

表 9-4 平托盘与周转箱匹配后容积利用率从高到低的推荐顺序

装载方案	周转箱尺寸 /mm	托盘集装单元尺寸 /mm	堆码总高度 /mm	可堆码周转箱层数	可装载周转箱的总数量/个	托盘集装单元的容积利用率/（%）
装载一层托盘集装单元	600×400×340	1200×1000×2200	2200	6	30	81
	600×400×220	1200×1000×2140	2140	9	45	78
	600×400×120	1200×1000×2200	2200	17	85	77
	600×400×180	1200×1000×2140	2140	11	55	77
	600×400×140	1200×1000×2120	2120	14	70	75
	600×400×160	1200×1000×2080	2080	12	60	74
	600×400×230	1200×1000×2000	2000	8	40	72
	600×400×300	1200×1000×2140	2140	6	30	71
	600×400×290	1200×1000×1900	1900	6	30	69
装载两层托盘集装单元	600×400×230	1200×1000×1080	2160	8	40	72
	600×400×300	1200×1000×1060	2120	6	30	71
	600×400×180	1200×1000×1060	2120	10	50	70
	600×400×220	1200×1000×1040	2080	8	40	69
	600×400×290	1200×1000×1030	2060	6	30	69
	600×400×140	1200×1000×1000	2000	12	60	64
	600×400×120	1200×1000×1000	2000	14	70	63
	600×400×160	1200×1000×960	1920	10	50	62

由表 9-4 可见，采用标准规格为 600mm×400mm×340mm 的周转箱与 1200mm×1000mm 的平托盘形成的托盘集装单元，其装载效率（即托盘集装单元的容积利用率）是最高的，托盘集装单元的总体尺寸（长×宽×高）为 1200mm×1000mm×2200mm。又根据《托盘单元化物流系统 托盘设计准则》（GB/T 37106—2018），平托盘的额定载荷是 1000kg，若按单层堆码 2200mm 的托盘集装单元时，可堆码 6 层，一个平托盘可堆码 30 个周转箱，若每个周转箱自重 3.2kg，则托盘单元货物质量最大可达 996kg，平托盘的载荷利用率高达 99.6%。因此，600mm×400mm×340mm 的周转箱与 1200mm×1000mm 的平

托盘组成托盘集装单元时，平托盘的空间利用率和载荷利用率均可达到最大化。

从托盘集装单元的稳定性考虑，其总高度越小越好，当然，托盘集装单元的合理尺寸应综合考虑果蔬货品属性、标准托盘容积率、托盘集装单元的稳定性及货架相关标准规范，选择性价比最优的方案。

9.3.5 托盘集装单元 CAD 平面结构图的绘制方法

在此，我们以平托盘与周转箱组合而成的托盘集装单元为例，详细说明其平面结构图的绘制方法。本例的托盘集装单元基于 600mm×400mm×300mm（称为 1 号周转箱）、600mm×400mm×230mm（称为 2 号周转箱）和 600mm×400mm×220mm（称为 3 号周转箱）三种周转箱规格。

我们选用的平托盘结构尺寸为 1200mm×1000mm×160mm。

平托盘与 1 号周转箱组合而成的托盘集装单元 1 的平面三视图如图 9-17 所示；平托盘与 2 号周转箱组合而成的托盘集装单元 2 的平面三视图如图 9-18 所示；平托盘与 3 号周转箱组合而成的托盘集装单元 3 的平面三视图如图 9-19 所示。三种托盘集装单元与周转箱的匹配参数如表 9-5 所示。

表 9-5　三种托盘集装单元与周转箱的匹配参数

周转箱			托盘集装单元	
名称	外廓尺寸/mm	内部尺寸/mm	名称	总体尺寸/mm
1 号周转箱	600×400×300	576×376×290	托盘集装单元 1	1200×1000×1060
2 号周转箱	600×400×230	576×376×220	托盘集装单元 2	1200×1000×1080
3 号周转箱	600×400×220	576×376×210	托盘集装单元 3	1200×1000×1040

下面以托盘集装单元 1 的平面三视图为例，说明 CAD 平面结构图的绘制方法与步骤。

（1）打开第 8 章绘制完成的如图 8-15（c）所示的托盘三视图。

（2）在托盘主视图和左视图的基础上，绘制托盘堆码第 1 层的主视图和俯视图。方法是利用绘制矩形命令，在托盘主视图上绘制两个 600mm×300mm 的矩形，在托盘左视图基础上，对应地绘制 600mm×300mm 和 400mm×300mm 两个矩形，如图 9-20（a）所示。

（3）绘制托盘堆码第 2 层的主视图和左视图。在图 9-20（a）的基础上，利用绘制矩形命令完成托盘堆码第 2 层的主视图和左视图，如图 9-20（b）所示。

（4）绘制托盘堆码第 3 层的主视图和左视图，如图 9-20（c）所示。

（5）在以上步骤的基础上，绘制托盘集装单元 1 的俯视图，如图 9-21 所示。

（6）完成尺寸标注，如图 9-17 所示。

绘制托盘集装单元的方法有多种，大家根据自己的思路选择最方便快捷的方法即可。

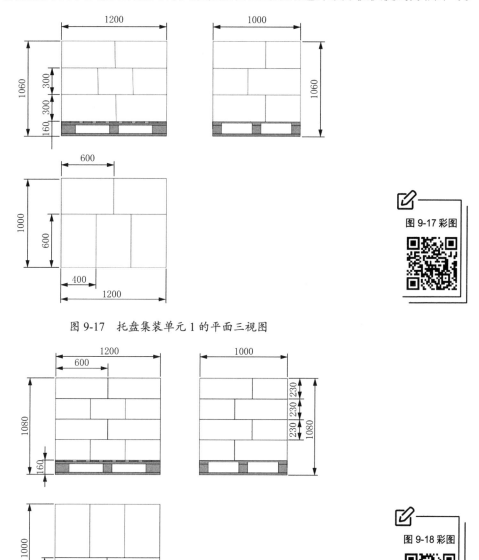

图 9-17　托盘集装单元 1 的平面三视图

图 9-18　托盘集装单元 2 的平面三视图

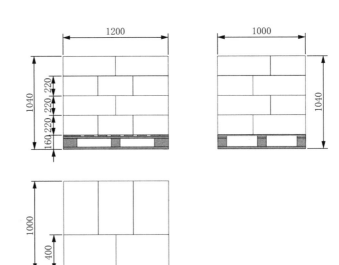

图 9-19 托盘集装单元 3 的平面三视图

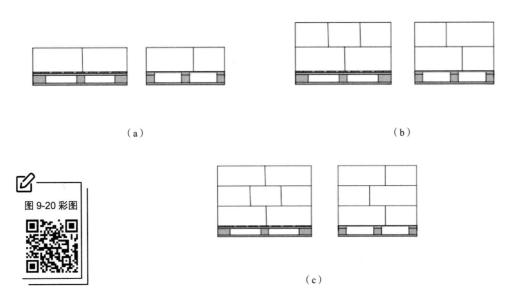

图 9-20 托盘集装单元 1 的主视图和左视图的绘制步骤

第 9 章 货架的合理选型及 CAD 应用实训

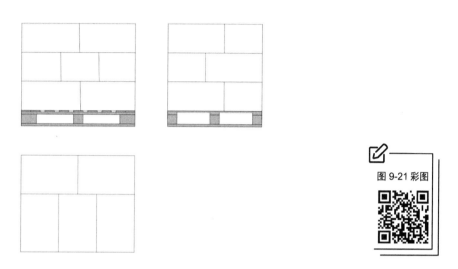

图 9-21 托盘集装单元 1 的俯视图

9.3.6 托盘式货架单元货格的尺寸设计与 CAD 技术应用

托盘式货架单元货格的尺寸应根据托盘集装单元尺寸、一个货格的货位数及相关的安全间隙等因素确定。在此,以托盘集装单元 1、托盘集装单元 2 和托盘集装单元 3 为例,确定货架单元货格的尺寸。假设立柱的截面尺寸(宽×高)为 90mm×60mm,横梁的截面尺寸(宽×高)为 60mm×100mm,一个货格存放 2 个托盘集装单元。根据货架相关标准技术要求,利用 AutoCAD 软件绘制的托盘式货架单元货格尺寸设计方案如图 9-22 所示。对应于托盘集装单元 1、托盘集装单元 2 和托盘集装单元 3 的单元货格尺寸设计方案分别如图 9-22(a)、(b)和(c)所示。从经济性角度考虑,图 9-22(c)所示的方案既符合标准要求,钢材用量又省,且空间利用率最高。因此,建议首选货架单元货格的长和宽分别为 2390mm 和 1250mm。

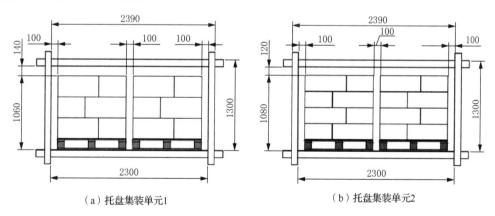

(a)托盘集装单元1　　　　　　　　　　(b)托盘集装单元2

图 9-22 托盘式货架单元货格尺寸设计方案

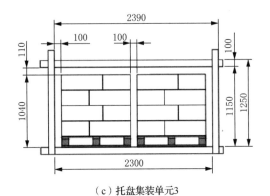

（c）托盘集装单元3

图 9-22　（续）

9.3.7　托盘式货架的设计

下面以图 9-22（c）为例进行托盘式货架整体尺寸的设计。设一排货架在高度方向上分为 5 层，在长度方向上分为 4 列，每两排货架为一组，相邻两组货架之间留有叉车存取货的作业通道。根据货架标准要求，利用 AutoCAD 软件绘制的单排托盘式货架的三视图如图 9-23 所示。两排货架并列布局时，为保证装卸作业安全高效，托盘集装单元货物之间的安全间隙应不小于 100mm，并排托盘式货架的三视图如图 9-24 所示。货架储存区的总体布局应考虑仓库总体空间结构、所配备的装卸搬运设备、出入库作业频率、作业流程等因素，参照相关仓库设计标准进行货架总体布局方案设计。

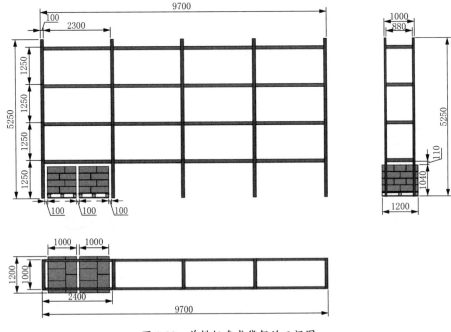

图 9-23　单排托盘式货架的三视图

第 9 章
货架的合理选型及 CAD 应用实训

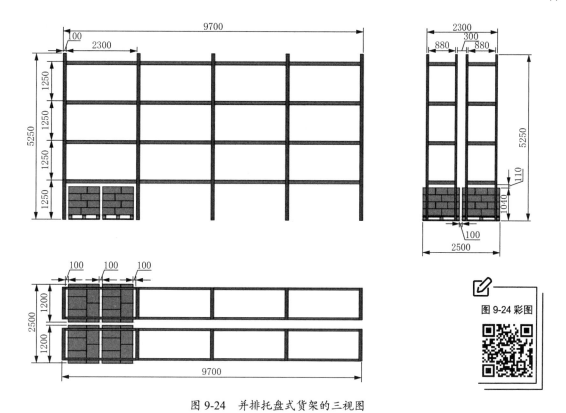

图 9-24 并排托盘式货架的三视图

本章小结

本章梳理了货架选型设计标准及技术要求，提出了低碳化果蔬冷藏货架选型的基本思路和方法，介绍了货架的结构类型，重点以托盘式货架选型设计为例，详细阐述了果蔬托盘集装单元、单元货格及整体货架的标准化、系统化设计方法，形成托盘集装单元与货架高效匹配的设计方案，并运用 CAD 技术精确地表达方案的技术参数。本章的内容在理论上自成系统，在实践中应用性强，并且与前面章节的内容衔接紧密，对果蔬类冷藏货架的合理选型具有很好的理论价值与实践指导意义。

本章习题

1. 简答题

（1）货架有哪些结构类型？货架设计的依据有哪些标准规范？货架设计的主要技术参数如何确定？

（2）果蔬类周转箱的选用应满足哪些国家标准？这些标准的基本内容和适用范围如何？

（3）什么是托盘集装单元？如何合理确定托盘集装单元的总体尺寸？

（4）简述托盘式货架设计的基本思路。

2. 上机实训

（1）依据国家标准，灵活运用 AutoCAD 软件的常用绘图命令与编辑命令完成托盘货架立柱截面图的绘制。

（2）按照 9.3.5 节所述的方法与步骤，利用 AutoCAD 软件完成托盘集装单元平面结构的三视图绘制任务。

（3）依据货架相关国家标准，完成图 9-22 所示的托盘式货架单元货格尺寸设计方案的绘制任务。

（4）假设果蔬类周转箱尺寸为 600mm×400mm×290mm，托盘尺寸为 1200mm×1000mm×160mm，参照图 9-22、图 9-23 和图 9-24 所示的货架设计方案，依据货架相关国家标准，设计托盘集装单元的总体尺寸，并为其设计标准的货架单元货格尺寸，最后设计储存货架的总体尺寸，并用 AutoCAD 软件绘制货架总体尺寸的三视图。

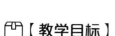

第10章
叉车的合理选型及CAD应用实训

【教学目标】

（1）了解叉车合理选型的有关标准。
（2）掌握叉车的结构类型。
（3）掌握叉车的使用性能与技术参数。
（4）掌握叉车合理选用的基本思路、方法与步骤。
（5）能够运用CAD技术精确地表达叉车的应用方案。

10.1 概述

叉车是指具有各种叉具，能够对单元货物进行装卸搬运的机械设备。叉车广泛应用于港口码头、货运站场、物流中心、配送中心等场所，并可进入船舱、车厢和集装箱内，对托盘集装单元、包装件、集装箱等进行装卸搬运及堆码等作业。

10.1.1 我国叉车行业发展概况

在国家"节能减排、绿色环保"政策推动下，我国新能源叉车得到快速发展。据中国工程机械工业协会工业车辆分会统计，2021年中国叉车销售量达1099382台，其中电动叉车销售量为657787台，约占总销售量的60%；内燃叉车销售量为441595台，约占总销售量的40%。在果蔬冷链环境条件下，叉车的选用主要考虑温度和湿度对叉车使用性能的影响。果蔬冷链环境温度控制在-1~15℃、相对湿度在85%~98%，因此果蔬冷链环境对叉车的影响主要是湿度条件。在叉车选用时应重点考虑防锈蚀和防滑性能。例如，针对果蔬冷藏湿度大的问题，在叉车结构方面应考虑防锈、耐低温配置，螺栓螺母及销轴等标准件应采用不锈钢材质或经铬酸盐处理等，线束及接插件均应采用防水结构等。

在党的二十大报告"加快节能降碳先进技术研发和推广应用"精神的指引下，果蔬冷链叉车选用的基本原则是"标准化、去碳化、降能耗、提能效"。在具体选用叉车时应从以下方面做好相关工作：一是尽量选用清洁能源叉车，减少使用过程中有害成分的排放量，目前成熟的新能源叉车类型主要是电动叉车，电动叉车使用过程中不排放有害气体成分；二是尽量选择能效高的标准型内燃叉车，内燃叉车在使用过程中排放的主要有害成分包括 CO、HC、NO_X、颗粒物等，若按 2021 年内燃叉车销量计算，假设每台内燃叉车每小时平均耗油 3.5L 左右，每天平均工作 4 小时，每升柴油的碳排放量约为 2.67kg，则 2021 年我国内燃叉车的碳排放总量高达 602.5 万吨；三是加强叉车的使用管理，提高叉车的单位使用能效；四是充分考虑各类叉车的更新换代、电池报废等对环境产生的二次污染，倡导叉车生产厂商对废旧电池进行回收处理及对旧叉车属具进行再造利用等。

10.1.2 叉车选用的技术标准

表 10-1 中列出了常用叉车的相关标准供读者参考。

表 10-1 常用叉车的相关标准

标准编号	标准名称	标准内容与适用范围	发布日期	实施日期
JB/T 7313—1994	《起升车辆 基本型式和额定起重量系列》	规定了起升车辆的基本型式和额定起重量系列；适用于以人力、内燃机和电动机为动力源的起升车辆	1994-07-18	1995-07-01
JB/T 2390—2005	《平衡重式叉车基本参数》	规定了平衡重式叉车的基本参数；适用于内燃和蓄电池平衡重式叉车	2005-03-19	2005-09-01
JB/T 3244—2005	《蓄电池前移式叉车》	规定了额定起重量为 500～5000kg 的蓄电池前移式叉车的基本参数、技术要求、试验方法、检验规则、标志、运输、储存和质量保证期；适用于门架前移或货叉前移的蓄电池前移式叉车	2005-05-18	2005-11-01
JB/T 3340—2005	《插腿式叉车》	规定了额定起重量为 500～3000kg 的蓄电池插腿式叉车的基本参数、技术要求、试验方法、检验规则、标志、运输、储存和质量保证期；适用于电动行走电动起升、手动行走电动起升的蓄电池插腿式叉车	2005-05-18	2005-11-01
JB/T 3299—2012	《手动插腿式液压叉车》	规定了手动插腿式液压叉车的基本参数、技术要求、试验方法、检验规则、标志、包装、运输和储存；适用于额定起重量不大于 1500kg，行走、转向和起升均为手动的手动插腿式液压叉车	2012-05-24	2012-11-01

续表

标准编号	标准名称	标准内容与适用范围	发布日期	实施日期
JB/T 3341—2005	《托盘堆垛车》	规定了额定起重量为500~1000kg的蓄电池托盘堆垛车的基本参数、技术要求、试验方法、检验规则、标志、运输、储存和质量保证期；适用于电动行走电动起升、手动行走电动起升的蓄电池托盘堆垛车	2005-05-18	2005-11-01
GB/T 26947—2011	《手动托盘搬运车》	规定了手动托盘搬运车的结构参数、技术要求、试验方法、检验规则、标志、包装、运输和储存；适用于额定载荷不大于3000kg，货叉上表面最大离地高度不大于300mm的手动托盘搬运车	2011-09-29	2012-02-01

为提高内燃平衡重式叉车的使用效能，国家发布了《内燃平衡重式叉车 能效限额》（JB/T 11764—2018）行业标准。标准规定了内燃平衡重式叉车的术语和定义、能效等级、能效限定值、能效等级的评价和能效等级标识；适用于额定起重量为1~10t的内燃平衡重式叉车，并按照额定起重量划分能效等级，能效等级分为1、2、3级，其中1级能效最高、3级能效最低，能效等级越高表明节能环保效果越好，各能效等级的限额标准如表10-2所示。

表10-2 叉车各能效等级的限额标准

叉车的额定起重量（Q）/kg	最低能效值/（J/L）		
	1级	2级	3级
1000≤Q≤1800	1.8×10^6	1.4×10^6	1.0×10^6
1800<Q≤2500	2.0×10^6	1.6×10^6	1.2×10^6
2500<Q≤3500	2.2×10^6	1.8×10^6	1.4×10^6
3500<Q≤4500	2.6×10^6	2.2×10^6	1.8×10^6
4500<Q≤7000	2.2×10^6	1.8×10^6	1.4×10^6
7000<Q≤10000	2.3×10^6	2.0×10^6	1.7×10^6

10.2 叉车的结构类型

10.2.1 按叉车的动力装置进行分类

按叉车的动力装置可分为内燃式叉车和新能源电动叉车。

1. 内燃式叉车

内燃式叉车的动力装置是内燃机，内燃机通过燃烧不同的燃料将产生的热能转化为机械能，为叉车提供动力。按燃料种类的不同，内燃式叉车又可分为汽油叉车、柴油叉车、液化气叉车和双燃料叉车。液化气叉车的燃料有压缩天然气（compressed natural gas，CNG）、液化天然气（liquefied natural gas，LNG）和液化石油气（liquefied petroleum gas，LPG），因此，液化气叉车又可分为 CNG 叉车、LNG 叉车和 LPG 叉车。内燃式叉车的特点是功率大、机动性好、应用范围广，但汽油叉车和柴油叉车环保性差。一般情况下，大吨位的叉车采用内燃机为动力，通常在室外（如在集装箱堆场、码头等）进行集装箱及重大货物的装卸搬运作业。相比之下，LPG 是一种环保、安全、经济实用的清洁能源，因此，LPG 叉车是高性价比的低污染内燃叉车，其主要优点包括：①极低的二氧化碳排放量，低污染；②有利于改善发动机的润滑状况，可延长发动机的使用寿命 1 倍以上；③改善发动机的工作状况，冷天相对更容易启动，运行噪声低；④从燃料的特性看，LPG 在低压常温下就可液化，其运输、存储均比较方便。

2. 新能源电动叉车

新能源电动叉车包括低碳型锂电池叉车、氢燃料电池叉车等。这种叉车的环保性好，可实现零排放，噪声低且能量转换效率高，动力性好。与传统的内燃叉车相比，新能源电动叉车在单位能耗和维护成本等方面均显著降低。随着《氢能产业发展中长期规划（2021—2035 年）》的颁布实施，氢能叉车作为新型低碳叉车将成为未来的主流新能源车型。

10.2.2　按叉车的结构特点与用途进行分类

按叉车的结构特点与用途可分为平衡重式叉车、前移式叉车、插腿式叉车、拣选叉车及专用叉车等。

1. 平衡重式叉车

平衡重式叉车是应用最广泛的一种叉车，常用于在仓库与载运工具之间进行装卸搬运作业。它的特点是叉取货物后，货物对叉车会产生一个向前倾翻的力矩，为了平衡这个倾覆力矩，保持叉车的纵向稳定性，需要在车体尾部配上平衡重块，因此称为平衡重式叉车。

按动力形式不同，平衡重式叉车又可分为内燃平衡重式叉车和电动平衡重式叉车两大类。电动平衡重式叉车又可分为三支点平衡重式叉车和四支点平衡重式叉车。通常情况下，四支点平衡重式叉车较多，整个叉车由四个车轮与地面接触形成四个支撑点，如图 10-1（a）所示。为提高叉车的机动灵活性，将叉车后面的两个车轮向中间靠拢并排在一起，成为三支点平衡重式叉车，如图 10-1（b）所示，这样叉车的转弯半径就会变小，所占的作业空间也随之变小。因此，在满足使用要求的情况下可优先考虑选用三支点平衡重式叉车。

（a）四支点平衡重式叉车　　　　　　　　　　（b）三支点平衡重式叉车

图 10-1　平衡重式叉车

2. 前移式叉车

前移式叉车有两条前伸的支腿，支腿由前轮支撑着地，在进行叉取作业时支腿不能插入货物的底部，货叉叉取货物后稍微升起一定高度后即可缩回，保证叉车运行时的稳定性。前移式叉车根据其结构特点又可分为门架前移式和货叉前移式两种结构形式。门架前移式叉车如图 10-2（a）所示，在进行叉取作业时，由门架带着货叉向前移动叉取货物并升起一定高度后，门架又缩回原来位置，然后带货水平运行。货叉前移式叉车如图 10-2（b）所示，在叉取和卸下货物时，门架不动，仅货叉可以前伸和后退。前移式叉车一般都是电动叉车，其优点是车身外形尺寸较小，质量较轻，转弯半径较小，机动性好，但行驶速度比较低，适宜于仓库内部作业，主要应用于仓库内货架区完成托盘单元货物的出入库作业任务。

（a）门架前移式叉车　　　　　　　　　　（b）货叉前移式叉车

图 10-2　前移式叉车

3. 插腿式叉车

插腿式叉车也称堆高机，其外观结构及作业示意图如图 10-3 所示。插腿式叉车的作业特点是叉车前方带有小轮子的支腿与货叉一起伸入货物的底部叉取货物后，由货叉将货物提升一定高度，并适当后倾后带货水平运行。由于货物重心位于前后车轮和支腿的支点所确定的底面积范围内，因此叉车的稳定性较好。插腿式叉车结构比较简单，自重和外形尺寸较小，适合在室内进行堆垛和搬运作业，由于它的行走轮直径较小，因此对地面的平整度要求较高。

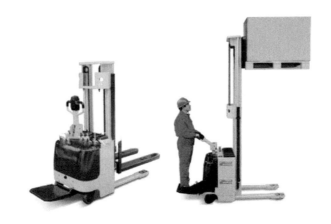

图 10-3　插腿式叉车外观结构及作业示意图

4. 拣选叉车

拣选作业是物流活动中最烦琐的作业之一，为减轻拣选作业的劳动强度，提高拣选作业效率，适用各种不同场合的拣选叉车应运而生。

拣选叉车按照拣选货物的高度可分为高位拣选叉车、中位拣选叉车和低位拣选叉车。

（1）高位拣选叉车。

高位拣选叉车又称窄巷道（very narrow aisle，VNA）叉车，这类叉车主要是在物流中心或配送中心的高架仓库内完成货物的存取和拣选作业，拣选高度可达十几米。VNA 叉车的特点是货叉可以旋转方向，可向前、向左和向右三个方向叉取货物。VNA 叉车在通道内不必转弯就可以直接从两侧货架上叉取货物，因此，它所需要的作业空间很小，仓库的空间利用率高。当仓库面积较小而高度较高，且货物储存量较大时，选择 VNA 叉车是比较理想的方案，这能够以较小的投资满足较高货物仓储能力的需求。根据叉车结构与作业特点，VNA 叉车又可分为人上型和人下型两种结构形式。人上型 VNA 叉车如图 10-4（a）所示，其结构特点是叉车配置了可承载作业人员上下运行的站台，拣选人员可随着站台一起上下运行，在可视范围内方便地按需要完成零星货物的拣选作业。人下型 VNA 叉车如图 10-4（b）所示，这种叉车没有设置拣选站台，拣选人员只能在地面控制叉车，这种叉车通常配置可视化车载终端来辅助作业人员完成整托盘单元货物的拣选作业。

（a）人上型 VNA 叉车　　　　　　　　　　（b）人下型 VNA 叉车

图 10-4　VNA 叉车

（2）中位拣选叉车和低位拣选叉车。

中位拣选叉车如图 10-5 所示，低位拣选叉车如图 10-6 所示。中位拣选叉车的操作者可站立在上下车便利的平台上，在一定高度范围内进行货物的拣选作业。低位拣选叉车的操作者只能在地面上进行托盘货物的拣选作业。这类叉车对地面的平整度要求较高，一般用于在物流中心或配送中心仓库内的拣货区进行拣选作业。

图 10-5　中位拣选叉车　　　　　　　　　图 10-6　低位拣选叉车

5. 专用叉车

专用叉车是指专门用于装卸搬运特定类别货物的叉车，常见的专用叉车有集装箱叉车、侧面式叉车和跨运叉车等。

（1）集装箱叉车。

集装箱叉车专门用于集装箱的装卸搬运及堆垛作业。

根据用途不同，集装箱叉车可分为集装箱正面吊运叉车和集装箱堆垛叉车两种。集装箱正面吊运叉车的作业场景如图 10-7（a）所示，它主要用于满载集装箱的装卸搬运及堆垛作业。集装箱堆垛叉车的应用场景如图 10-7（b）所示，它主要用于空集装箱的堆垛作业。

（a）集装箱正面吊运叉车的作业场景　　　　　　（b）集装箱堆垛叉车的作业场景

图 10-7　集装箱叉车的作业场景

（2）侧面式叉车。

侧面式叉车的结构特点是门架和货叉位于车体中部的一侧，如图 10-8 所示。货叉叉取货物后，将货物放置在叉车一侧的载货平台上。由于货物沿叉车的纵向放置，可以大大减少叉车作业占用的空间，同时，货物重心位于车轮支撑平面之内，因此叉车的行驶稳定性较好，运行速度较高，视野也较好。侧面式叉车特别适合搬运长大件货物，由于侧面式叉车的作业对象多为长大笨重货物，且这些货物一般都在露天货场堆放，因此要求叉车的动力性和承载能力较强，故这类叉车多以柴油机为动力装置。

（3）跨运叉车。

跨运叉车一般在港口码头或露天货运站场用来搬运钢材、木材等长条状的货物，也可用于搬运集装箱，如图 10-9 所示。跨运叉车通常采用内燃机驱动，

图 10-8　侧面式叉车

它的起重量比较大,运行速度和装卸速度也较高。但跨运叉车本身的质量集中在上部,整个车辆的重心较高,因此空车行走时稳定性较差,对地面平整度的要求较高。

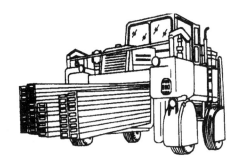

图 10-9　跨运叉车

由于各种叉车的结构特点及外形尺寸不同,所需要的作业空间也不同,因此不同类型的叉车都有其最适用的作业场合。在土地资源日益紧张的情况下,尤其是在低碳发展的政策环境下,根据作业场合优选叉车的结构类型与性能参数是实现节能减排的一种方式。

10.3　叉车的使用性能与基本参数

10.3.1　叉车的使用性能

叉车的使用性能主要包括动力性、机动性、制动性、操纵稳定性、通过性、装载能力及经济性等。

动力性是表示叉车运行速度、加速能力和爬坡能力的使用性能,主要影响叉车的装卸搬运效率。

机动性表示叉车机动灵活的性能。表示机动性的主要技术参数有最小转弯半径、直角交叉通道宽度、直角堆垛通道宽度等。最小转弯半径、直角交叉通道宽度和直角堆垛通道宽度越小,表示叉车的机动性越好。

制动性是指叉车在行驶过程中,根据要求迅速降低车速直到停车的能力。通常以在一定行驶速度下制动时的制动距离来表示,制动距离越小则制动性越好。叉车的制动性反映了叉车的工作安全性,我国对内燃平衡重式叉车的制动性作了如下规定。①如果采用脚制动,叉车车速为 20km/h,空载行驶时,紧急制动的制动距离不大于 6m;叉车车速为 10km/h,满载运行时,紧急制动的制动距离不大于 3m。②如果采用手制动,空载行驶时能在 20% 的下坡上可靠地停住;满载行驶时能在 15% 的上坡上可靠地停住。

操纵稳定性包括操纵性和稳定性两大性能。操纵性是指叉车操作的轻便性和舒适性，关系到驾驶员能否如意地进行驾驶操作。操纵性主要取决于各操作手柄及按钮、脚踏板、方向盘、司机座椅等各操作件之间相对位置的布置情况，布置得好则驾驶员能够方便、省力地进行驾驶操作，表明叉车的操纵性好。叉车的稳定性是指叉车抵抗倾覆的能力。当叉车高速转弯时，因受到离心力的作用，叉车有可能丧失横向稳定而增加侧翻的可能性。因此，操纵稳定性直接影响叉车的安全作业。

通过性是指叉车克服道路障碍通过各种不良路面的能力。影响通过性的主要技术参数有叉车的外形尺寸、最小离地间隙、叉车工作装置的结构等，外形尺寸越小，最小离地间隙越大，叉车的通过性越好。另外，叉车起升机构的结构类型也影响叉车的通过性，如具有自由起升高度的叉车通过性较好，在车厢内作业的叉车通常考虑选择具有自由起升高度的叉车，以便叉车能通过比较低矮的通道。

装载能力是指叉车能够装载货物的最大能力。装载能力的大小直接影响叉车的装卸效率。

叉车的经济性要考虑它的全寿命周期费用，包括购置费用和营运费用，以全寿命周期费用最低为原则。

10.3.2 叉车的技术参数

叉车的基本技术参数可分为质量参数、尺寸参数、速度参数和其他性能参数。下面以前移式叉车为例介绍叉车的技术参数。根据我国机械行业标准《蓄电池前移式叉车》（JB/T 3244—2005），前移式叉车优先选用基本参数如图 10-10 和表 10-3 所示。

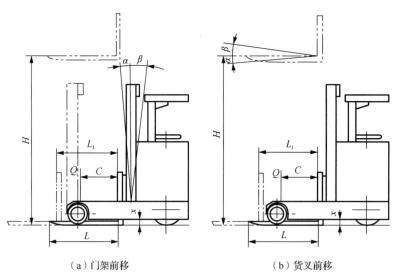

（a）门架前移　　（b）货叉前移

图 10-10　前移式叉车优先选用基本参数

第10章
叉车的合理选型及 CAD 应用实训

表 10-3 前移式叉车优先选用基本参数

基本参数	单位	参数值
额定起重量（Q）	kg	500、800、1000、1250、1500、1750、2000、2500、3000、3500、4000、4500、5000
载荷中心距（C）	mm	400、450、500、600、900
最大起升高度（H）	mm	2000、2500、2700、3000、3150、3300、3600、4000、4500、5000、5500、6000
前移距离（L_1）	mm	500、560、600、685、800
货叉长度（L）	mm	800、900、1000、1150、1200
额定电压（U）	V	24、48、72、80

1. 额定起重量与载荷中心距

额定起重量是指叉车的门架处于垂直位置，货物重心位于载荷中心距以内时，保证叉车安全作业时所允许起升货物的最大质量，以 kg 表示。载荷中心距是指叉车设计时规定的标准载荷重心到货叉垂直段前壁之间的水平距离。可以理解为将标准货物（即符合标准规定的质量、形状和体积的货物）按照要求放置于货叉上时，其重心到货叉垂直段前壁之间的水平距离，单位为 mm。图 10-11 所示的载荷曲线表示了叉车的起重量与被起升货物重心位置之间的关系。

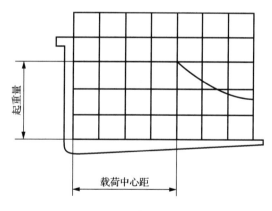

图 10-11 叉车的载荷曲线

由图 10-11 可知，额定起重量就是在限定条件下叉车能够起升货物的最大质量。只有当货物的重心位于载荷中心距尺寸范围以内时，才允许叉车起升的货物。如果货物的重心位于载荷中心距尺寸范围以外，为了保证叉车的纵向稳定性，则起重量应当减少，且货物实际重心距离载荷中心距越远，允许起升的货物质量越小。

在叉车使用过程中，驾驶员必须充分考虑起重量与载荷中心距之间的关系，如果由于货物体积庞大，或者货物在托盘上放置的位置不当，而使货叉上的货物实际重心位置超出了载荷中心距范围，或者当最大起升高度超过一定数值时，由于受叉车纵向稳定性的限制，起重量均应相应地减小，否则叉车将有倾翻的危险。图 10-12 为某叉车的载荷曲线。由图 10-12 可知，该叉车的额定起重量为 3000kg，载荷中心距为 500mm。

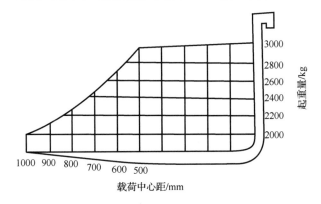

图 10-12　叉车的载荷曲线示例

2. 最大起升高度

最大起升高度是指在平坦、坚实的地面上，当叉车满载、轮胎气压正常、门架垂直、货物升至最高位置时，货叉水平段的上表面至地面的垂直距离，单位为 mm。

3. 门架倾角或货叉倾角

门架倾角是指叉车在平坦、坚实的地面上，门架相对于垂直位置向前或向后倾斜的最大角度，分别称为门架前倾角和后倾角。对于前移式叉车，货叉倾角是货叉相对水平位置向下或向上倾斜的最大角度。门架前倾或货叉下倾是为了便于叉取和卸放货物，门架后倾或货叉上倾是为了防止货物从货叉上滑落并增加叉车行驶的纵向稳定性。

4. 满载最大运行速度

满载最大运行速度是指叉车在平坦、坚实的地面上，满载水平运行时所能达到的最大速度。据统计，叉车作业时，行驶时间一般约占全部作业时间的 2/3，因此提高行驶速度、缩短行驶时间对提高叉车的作业生产率具有重要意义。但是由于叉车的作业特点是运距短、停车和起步次数多，过高的行驶速度通常也难以正常发挥。通常情况下，运距在 100~200m 时，叉车能发挥出较好的作业效率，而运距超过 500m 时，就不适宜使用叉车搬运货物了。另外，叉车作业时，倒退行驶的机会与前进行驶的机会基本相当，因此叉车要比汽车要求有更多的倒挡和较大的倒车速度，所以叉车的最高行驶速度要综合考虑各种因素，不能一味地追求高速度。

JB/T 3244—2005 规定了前移式叉车的满载最大运行速度的极限偏差值为 ±(设计值)10%。不同吨位的前移式叉车其满载最大运行速度应满足标准规定。

5. 满载最大起升速度

满载最大起升速度是指在平坦、坚实的地面上，当叉车满载、门架垂直时，货物上升的最大速度，通常用平均起升速度表示，单位为 m/min。JB/T 3244—2005 规定了前移式叉车的满载最大起升速度的极限偏差值为±(设计值)10%。

起升速度的大小直接影响叉车的作业效率，叉车的起升速度取决于其配置的液压控制系统。如果起升速度过快，容易发生货物损坏或机器损伤，给叉车作业带来困难。电动叉车由于受到蓄电池容量和电动机功率的限制，其起升速度低于同吨位的内燃叉车的起升速度。另外，额定起重量大的叉车，由于作业安全的要求和液压系统的限制，起升速度比中小吨位的叉车要低一些。在选择最大起升速度时，还应当考虑叉车的最大起升高度，如果叉车的最大起升高度较小，宜选用较小的起升速度，因为在这种情况下即使起升速度再大也不能充分发挥出来。

6. 满载最大爬坡度

满载最大爬坡度是指叉车满载时在良好的干硬地面上，以低速挡行驶能够爬越的最大坡度。由于前移式叉车一般在仓库内部比较平坦的地面上作业，因此对最大爬坡度的要求不是很高。

7. 最小外侧转弯半径

最小外侧转弯半径是指叉车在空载、低速行驶、打满方向盘时（即转向轮处于最大偏转角时），瞬时转向中心（O）到车体上最外侧点的距离（R_{min}），如图 10-13 所示。最小外侧转弯半径是决定叉车机动性的主要参数，最小外侧转弯半径越小，叉车的机动性越好。在其他条件相同的情况下，三点支撑式叉车由于转向轮具有较大的偏转角（接近或等于 90°），其最小外侧转弯半径比四点支撑式叉车的最小外侧转弯半径小，因此在同等条件下，尽量选择三点支撑式叉车。

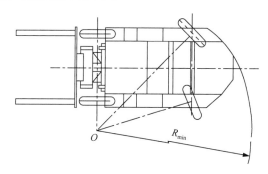

图 10-13 叉车的最小外侧转弯半径示意图

8. 离地间隙

离地间隙是指除车轮以外，车体上固定的最低点至叉车水平支撑平面之间的垂直距离。它表示叉车无碰撞地越过地面凸起障碍物的能力。增大车轮直径可以使离地间隙增加，但这会导致叉车的重心提高，对叉车的行驶稳定性不利。

9. 直角堆垛最小通道宽度和直角交叉最小通道宽度

直角堆垛最小通道宽度是指能够满足叉车在直线通道上作 90° 转弯进行叉取货物时所需要的最小通道宽度值。直角交叉最小通道宽度是指叉车能够顺利通过垂直交叉的作业通道所需要的最小通道宽度。转弯半径小、机动性好的叉车要求的通道宽度就小，因此在满足叉车使用性能要求的条件下，应尽量选择外形尺寸较小的叉车，以便提高叉车的通过性、机动性，节省作业空间，提高仓储设施的空间利用率。

10. 外廓尺寸

叉车的外廓尺寸包括叉车的总长、总宽和总高。总长是指沿着叉车前后纵向从叉车最前端至叉车最后端之间的水平距离；总宽是指叉车横向最外侧固定点之间的水平距离；总高是指叉车门架垂直、货叉处于最低位置时，叉车最高点到地面之间的垂直距离。叉车的外廓尺寸参数越小，叉车的机动性越好，占用的作业空间也越小，有利于提高设施的空间利用率，在其他条件都满足的情况下，尽量选择外廓尺寸较小的叉车。

叉车的合理选型

10.4 叉车的合理选型及应用

从低碳化角度考虑，选用叉车的基本目标是满足装卸作业需要并保证叉车的高效利用。在此，以为第 9 章中图 9-24 所示的并排托盘式货架选择合适的叉车为例，说明叉车合理选型的方法与基本步骤。

10.4.1 确定叉车应满足的基本条件

所选用叉车的基本条件应满足托盘集装单元装卸作业的要求，需要根据托盘集装单元的基本特性确定叉车的额定起重量和最大起升高度。根据国家标准《物流设施设备的选用参数要求》（GB/T 39660—2020）第 11 条规定，叉车最大起升高度应根据库房的净高、货物堆高和货架最上层横梁高度等因素确定，叉车最大起升高度及叉起货物的总高与库房净高的差不应小于 500mm，叉车最大起升高度与货架最上层横梁高度的差不应小于 200mm。若库房净高满足要求，根据图 9-24 可知，托盘式货架最上层横梁高度为 5000mm，托盘集装单元的尺寸（长×宽×高）为 1200mm×1000mm×1040mm。依据国家标准《果蔬类周转箱尺寸系列及技术要求》（GB/T 39907—2021），考虑周转箱最大箱体载重、自重及托盘质量，估算托盘集装单元的质量为 539kg。所选叉车应满足上述条件的实际要求。

10.4.2 确定叉车的结构类型

从结构特点来看，托盘式货架可选用的叉车类型有平衡重式叉车、前移式叉车和插腿式叉车。从叉车动力源来看，电动叉车具有静音、无污染、使用成本低等优点。因此，我们确定以电动平衡重式叉车和电动前移式叉车作为可选的叉车类型。

叉车合理选型案例

10.4.3 确定叉车的技术参数

所选叉车的关键技术参数包括额定起重量和最大起升高度。在这两个参数满足要求的前提下再综合考虑其他技术参数，通过广泛调研对比分析后，选择性价比最高的品牌和型号。在此，仅对叉车的额定起重量和最大起升高度进行确定。

本案例所需叉车的额定起重量应大于 539kg，最大起升高度应大于 5000mm。根据行业标准《蓄电池前移式叉车》（JB/T 3244—2005）的规定，可以确定叉车的最大起升高度为 6000mm。对于叉车的额定起重量，经调研发现，目前市场上额定起重量小于 1000kg 的叉车已很少，根据《托盘单元化物流系统 托盘设计准则》（GB/T 37106—2018）的规定，在托盘单元化物流系统中托盘的额定载荷为 1000kg，因此，我们确定叉车的额定起重量为 1000kg。

10.4.4 选择叉车的品牌和型号

通过在中国叉车网上进行初步调研可知，目前一些知名品牌的叉车厂商已经推出了新能源叉车产品并得到市场认可。如何从众多的厂商中选出理想的叉车品牌和型号是一项技术性很强的细致工作，既要懂叉车的专业技术，又要了解叉车的市场供应情况。

根据前面所确定的叉车类型和关键技术参数，通过各种渠道对新能源叉车市场进行广泛调研，并与部分厂商进行了深入沟通，选择国内某知名叉车生产厂商作为叉车供应商，该生产厂商目前生产有 XC 系列锂电池专用叉车、XH 系列高压锂电池叉车、氢燃料电池叉车等新能源产品，产品全系列均实现了新能源化。图 10-14 所示为该厂商锂电池平衡重式叉车系列的载荷曲线，包括 1.0 吨、1.5 吨、1.8 吨、2.0 吨、2.5 吨、3.0 吨、3.5 吨的系列叉车共七种产品型号。其中 1.0 吨叉车的产品型号为 CPD10-XJ2-1，配置二级宽视野门架，完全能够满足本案例的使用条件。从图 10-14 所示的载荷曲线可知，1.0 吨叉车的额定起重量为 1000kg，载荷中心距为 500mm。本案例也可以选用前移式叉车，该厂商提供的前移式叉车型号为 CQD14-XC4-SI，配置三级全自由起升门架。这两种型号叉车的主要技术参数如表 10-4 所示。

图 10-14 彩图

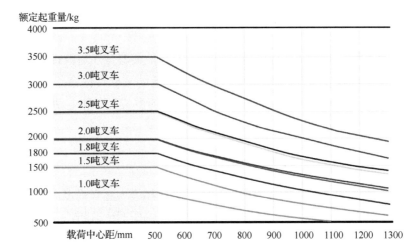

图 10-14 锂电池平衡重式叉车系列的载荷曲线

表 10-4 两种型号叉车的主要技术参数

技术参数名称	代号	计量单位	叉车型号及参数值	
			平衡重式叉车 CPD10-XJ2-1	前移式叉车 CQD14-XC4-SI
额定起重量	G	kg	1000	1400
载荷中心距	C	mm	500	600
总长	l_2	mm	2080	2400
总宽	b_1	mm	1060	1270
轴距	y	mm	1410	1355
货叉尺寸（长×宽×厚）	$l×e×s$	mm	920×100×35	1150×120×35
最小离地间隙	m_1	mm	100	80
直角堆垛通道宽度	Ast	mm	3436	2687
最小转弯半径	Wa	mm	1845	1610
最大行驶速度（满载/空载）	—	km/h	17/17.5	14/14
最大起升速度（满载/空载）	—	mm/s	450/650	610/810
最大下降速度（满载/空载）	—	mm/s	450/500	560/560
最大爬坡度（满载/空载）	—	%	20/20	10.0/15.0
起升高度	h_3	mm	5500	5500
自由起升高度	h_2	mm	155	105
标配护顶架高度	h_6	mm	2070	2263
门架倾角（前/后）	$α/β$	(°)	3/6	2/5

10.4.5　叉车应用的仓库总平面布置设计

本节以所选择的 CPD10-XJ2-1 和 CQD14-XC4-SI 型叉车为例，具体阐述其在同一仓库内的应用方案，并运用 AutoCAD 软件绘制仓库总平面布置图。

设仓库的总长为 87000mm，总宽为 40000mm；托盘集装单元的尺寸（长×宽×高）为 1200mm×1000mm×1040mm；货架立柱的截面尺寸（宽×高）为 90mm×60mm，横梁的截面尺寸（宽×高）为 60mm×100mm。若选用 CPD10-XJ2-1 型叉车，其直角堆垛通道宽度为 3436mm，因此确定货架的作业通道宽度为 3500mm；若选用 CQD14-XC4-SI 型叉车，其直角堆垛通道宽度为 2687mm，因此确定货架的作业通道宽度为 2700mm。基于这两种叉车的结构类型，进行仓库总平面布置设计，设计参数如表 10-5 所示。由于 CQD14-XC4-S 型叉车的作业巷道宽度较小，因此储存空间利用率相对较大，其托盘货位数量比采用 CPD10-XJ2-1 型叉车多了 480 个，仓储容量提高了约 14.3%。

表 10-5　基于两种叉车的仓库总平面布置设计参数

设计参数	单位	叉车类别型号	
		平衡重式叉车 CPD10-XJ2-1	前移式叉车 CQD14-XC4-SI
占地面积	m^2	4897	4897
建筑面积	m^2	3745	3745
货架储存区	m^2	2622	2622
出入库作业区	m^2	477	477
退货暂存区	m^2	67	67
叉车充电区	m^2	68	68
业务办公区	m^2	51	51
大车停车位	个	4	4
小车停车位	个	20	20
托盘货位数量	个	3360	3840

10.4.6　仓库总平面布置图的绘制方法

根据实际作业需要，结合相关标准要求，仓库内部设有货架储存区、出入库作业区、退货暂存区、叉车充电区、业务办公区，仓库外部设有装卸作业区和车辆停放区。仓库总平面布置图的绘制方法与步骤如下。

（1）创建新图层。

通过"图层特性管理器"对话框创建如图 10-15 所示的图层，包括建筑墙体、仓库门及配套、货架、叉车等图层，并设置图层的颜色、线型、线宽等参数。

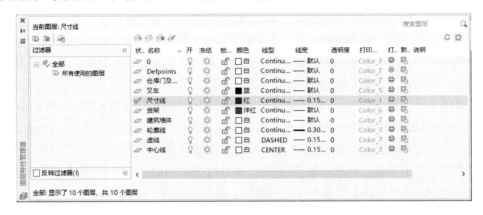

图 10-15　创建图层

（2）绘制仓库建筑墙体及配套设施。

首先将"建筑墙体"图层设置为当前图层，利用绘制直线命令，按墙体尺寸绘制仓库建筑墙体；然后将"仓库门及配套"图层设置为当前图层，利用绘制直线命令及编辑命令绘制仓库门及装卸平台等配套设施，如图 10-16 所示。

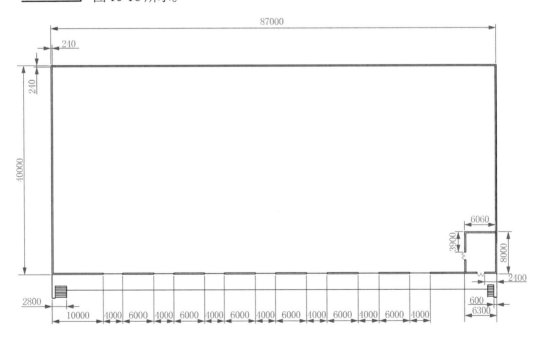

图 10-16　仓库建筑墙体及配套设施图

第10章
叉车的合理选型及 CAD 应用实训

（3）绘制仓库的功能分区图。

首先依据相关标准，结合仓库内部平面尺寸，利用 AutoCAD 软件常用绘图命令与编辑命令绘制货架储存区；然后确定并绘制出入库作业区；最后确定并绘制叉车充电区和退货暂存区。

（4）绘制仓库外部车辆停放区。

按运输与配送车辆尺寸确定车位尺寸，并按出入库作业需要进行合理布置。

（5）各功能区文字标识。

利用创建文字命令对各功能区进行文字标识。

（6）尺寸标注。

通过以上步骤即可完成仓库总平面布置图的绘制，最后进行尺寸标注。

在本案例中，选用了平衡重式和前移式两种类型的叉车来完成装卸搬运作业。选用这两种不同类型叉车的仓库总平面布置图分别如图 10-17 和图 10-18 所示。

图 10-17 彩图　　图 10-18 彩图

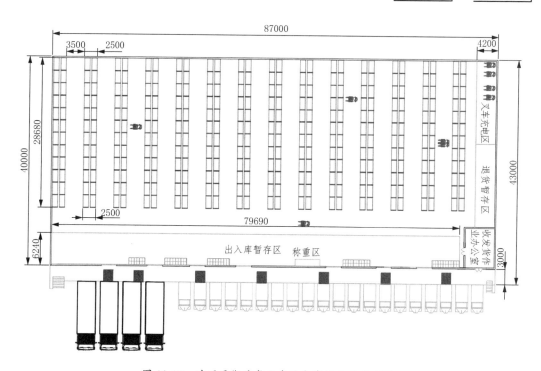

图 10-17　选用平衡重式叉车的仓库总平面布置图

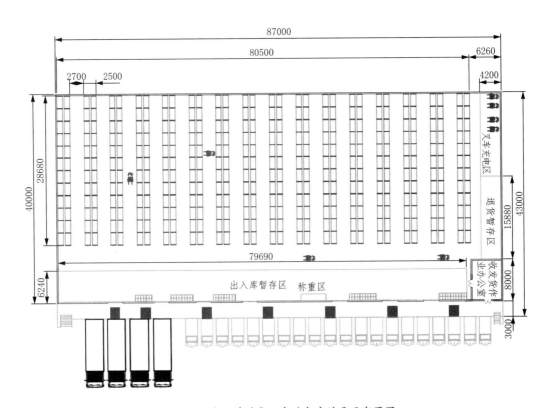

图 10-18 选用前移式叉车的仓库总平面布置图

本章小结

本章讲解了叉车的结构类型、使用性能与技术参数,以果蔬冷藏叉车的选型为例,重点讲解了叉车选型的思路、方法与步骤。针对平衡重式叉车和前移式叉车在托盘式货架中的应用,进行仓库总平面布置设计,并运用 AutoCAD 软件绘制仓库总平面布置图。通过对本章的学习,学生能够根据实际需求,按照本章讲解的叉车选型方法与步骤,合理选择性价比最高的叉车品牌及型号,并运用 AutoCAD 软件绘制叉车应用方案图。

本章习题

1. 简答题

(1) 按叉车的结构特点来分,可分为哪几种叉车?

（2）在托盘式货架方案中应选用什么结构类型的叉车？

（3）简述叉车选型的基本思路、方法与步骤。

2. 上机实训

认真学习本章 10.4 节的内容，按照所讲解的方法与步骤，灵活运用 AutoCAD 软件完成图 10-17 和图 10-18 所示的仓库总平面布置图的绘制任务。

第 11 章 冷藏车的合理选型及 CAD 应用实训

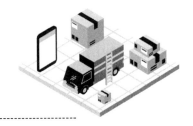

【教学目标】

（1）了解我国新能源冷藏车发展的政策和相关标准。
（2）了解低碳化冷藏车选用的基本思路与技术路径。
（3）掌握冷藏保温车的分类方法。
（4）掌握果蔬冷藏车选型的方法与步骤。
（5）掌握冷藏保温车合理使用的关键环节与要求。
（6）能够依据标准要求，结合冷藏物品的实际需求，为其合理选择冷藏车的具体品牌和型号。

2020 年 9 月，中国向世界宣布了 2030 年前实现碳达峰、2060 年前实现碳中和的目标（简称"双碳"目标）。党的二十大报告中也明确提出了"实现碳达峰碳中和是一场广泛而深刻的经济社会系统性变革"。这不仅是我国积极应对气候变化的基本国策，也是基于科学论证，从现实出发的行动目标和长期发展战略。交通物流被列为国家实施节能减排的重要领域，对交通运输组织方式、新能源车型的开发应用等方面均提出了具体要求。其中，如何从低碳化角度研究冷藏车的合理选用是当今物流行业面临的一个重要课题，对于实现"双碳"目标具有重要的现实意义。

11.1 概述

11.1.1 有关鼓励冷藏车低碳化发展的部分政策

2012 年 6 月，国务院印发《节能与新能源汽车产业发展规划（2012—2020 年）》，提出加快培育和发展节能汽车与新能源汽车是有效缓解能源和环境压力，推动汽车产业可持续发展的紧迫任务。新能源汽车是指采用新型动力系统，完全或主要依靠新型能源驱动的汽车,主要包括纯电动汽车、插电式混合动力汽车及燃料电池汽车。节能汽车是指以内燃机为主要动力系统,综合工况燃料消耗量优于下一阶段目标值的汽车。发展节能与新能源汽车是降低汽车燃料消耗量,缓解燃油供求矛盾,减少尾气排放,改善大气环境,促进汽车产业技术进步和优化升级的重要举措。经过多年持续努力,我国新能源汽车产业技术水平显著提升、产业体系日趋完善、企业竞争力大幅增强,自2015年以来产销量、保有量连续五年居世界首位,产业进入叠加交汇、融合发展新阶段。

2020年10月,国务院办公厅印发《新能源汽车产业发展规划(2021—2035年)》提出发展新能源汽车是我国从汽车大国迈向汽车强国的必由之路,是应对气候变化、推动绿色发展的战略举措。规划要求构建智能绿色物流运输体系,推动新能源汽车在城市配送、港口作业等领域应用,为新能源货车通行提供便利;发展"互联网+"高效物流,创新智能物流运营模式,推广网络货运、挂车共享等新模式应用,打造安全高效的物流运输服务新业态。这为推动我国新能源汽车产业高质量发展指明了方向。

2021年12月,国务院印发《"十四五"节能减排综合工作方案》,提出目标:到2025年,全国单位国内生产总值能源消耗比2020年下降13.5%,能源消费总量得到合理控制,化学需氧量、氨氮、氮氧化物、挥发性有机物排放总量比2020年分别下降8%、8%、10%以上、10%以上。其中,"交通物流节能减排工程"作为国家实施节能减排的重点工程,提出的具体要求如下:推动绿色铁路、绿色公路、绿色港口、绿色航道、绿色机场建设;提高物流等车辆使用新能源汽车的比例;大力发展铁水、公铁、公水等多式联运;全面实施汽车国六排放标准,鼓励重型柴油货车更新替代;实施汽车排放检验与维护制度,加强机动车排放召回管理;加快绿色仓储建设,鼓励建设绿色物流园区;加快标准化物流周转箱推广应用;全面推广绿色快递包装,引导电商企业、邮政快递企业选购使用获得绿色认证的快递包装产品;到2025年,新能源汽车新车销售量达到汽车新车销售总量的20%左右,铁路、水路货运量占比进一步提升。

2021年12月,国务院办公厅印发《"十四五"冷链物流发展规划》,指出在实现碳达峰、碳中和的目标背景下,冷链物流发展面临规模扩张和碳排放控制的突出矛盾,迫切需要优化用能结构,加强绿色节能设施设备、技术工艺研发和推广应用。对冷藏车发展提出了具体要求:①严格冷藏车市场准入条件,加大标准化车型推广力度,统一车辆等级标识、配置要求,推动在车辆出厂前安装符合标准要求的温度监测设备等,加快形成适应干线运输、支线转运、城市配送等不同需求的冷藏车车型和规格体系;②研究制定标准化冷藏车配置方案,引导和规范不同容积车辆选型;③有计划、分步骤淘汰非标准化冷藏车;④加强冷藏车生产、改装监管,严厉打击非法改装;⑤加快推进轻型、微型新能源冷藏车和冷藏箱研发制造,积极推广新型冷藏车、铁路冷藏车、冷藏集装箱;⑥研究制定绿色冷链技术及节能设施设备推广目录,鼓励使用绿色、安全、节能、环保冷藏车及配套装备设施;⑦加快淘汰高排放冷藏车,适应城市绿色配送发展需要,鼓励新增或更新的冷藏车采用新能源车型;⑧研究加强冷链物流全流程、全生命周期碳排放管理，加强低温加工、冷冻冷藏、冷藏销售等环节绿色冷链装备研究应用，鼓励使用绿色低碳高效制冷剂和保温耗材，提高制冷设备规范安装操作和检修水平，最大限度减少制冷剂泄漏，推动制冷剂、保温耗材等回收和无害化处理。

11.1.2 我国冷藏车的标准化概况

根据冷链行业资讯统计显示，2019年我国完成冷链货运总量为23271万吨。其中，公路冷链货运量为20880万吨、水路冷链货运量为1881万吨，铁路冷链货运量为232万吨，航空冷链货运量为278万吨，公路冷链货运量占比高达89.7%。目前公路冷链运输仍然是我国冷链运输的主要方式。为促进冷藏车规范发展，我国陆续发布了与冷藏车相关的国家和行业标准，梳理总结如表11-1所示。

表11-1 冷藏车的相关标准

标准编号	标准名称	主要内容与适用范围	发布日期	实施日期
GB/T 22918—2008	《易腐食品控温运输技术要求》	规定了易腐食品控温运输的相关术语和定义、运输基本要求、装卸要求、运输途中要求、卸货要求和转运接驳要求；适用于易腐食品的公路、铁路、水路及上述各种运输方式的多式联运的运输管理	2008-12-31	2009-08-01
QC/T 449—2010	《保温车、冷藏车技术条件及试验方法》	规定了保温车、冷藏车的技术要求、试验方法、检验规则和标志、使用说明书及随车文件、运输、储存；适用于采用定型汽车底盘改装的保温车、冷藏车和保温半挂车、冷藏半挂车	2010-08-16	2010-12-01
GB/T 29753—2013	《道路运输 食品与生物制品冷藏车安全要求及试验方法》	规定了冷藏车的术语和定义、分类、要求和试验方法；适用于采用已定型汽车整车或二类、三类底盘上改装的装备机械制冷机组的道路运输易腐食品与生物制品的冷藏车和冷藏半挂车	2013-09-18	2014-07-01
WB/T 1060—2016	《道路运输 食品冷藏车功能选用技术规范》	规定了食品冷藏车的一般要求、其他要求、产品标识、功能选用；适用于道路运输食品冷藏车	2016-10-24	2017-01-01
GB/T 24616—2019	《冷藏、冷冻食品物流包装、标志、运输和储存》	规定了冷藏、冷冻食品在物流过程中的包装、标志、运输、储存和追溯要求；适用于冷藏、冷冻食品的物流作业与管理	2019-08-30	2020-03-01

续表

标准编号	标准名称	主要内容与适用范围	发布日期	实施日期
GB 31605—2020	《食品安全国家标准 食品冷链物流卫生规范》	规定了在食品冷链物流过程中的基本要求、交接、运输配送、储存、人员和管理制度、追溯及召回、文件管理等方面的要求和管理准则；适用于各类食品出厂后到销售前需要温度控制的物流过程	2020-09-11	2021-03-11
GB/T 39664—2020	《电子商务冷链物流配送服务管理规范》	规定了电子商务冷链物流配送的基本要求、管理要求、作业流程及要求、内审及改进；适用于电子商务冷链物流配送服务提供方对配送作业服务的管理	2020-12-14	2021-07-01
GB/T 40475—2021	《冷藏保温车选型技术要求》	规定了冷藏保温车的分类、整车要求、车厢要求、专用配置要求、车辆选型与车体标识要求；适用于道路运输冷藏保温车的选用	2021-08-20	2022-03-01

冷链物流政策为国内冷链物流发展指明了方向，提供了良好的宏观环境，关于冷藏车的相关标准涵盖了从车辆技术到使用管理的各个环节，为冷藏车的开发设计、使用管理提供了基本依据。在政策引领和标准规范指导下，冷藏车行业必将向着绿色低碳、高效节能方向健康有序发展。

11.1.3 低碳化冷藏车选用的基本思路与技术路径

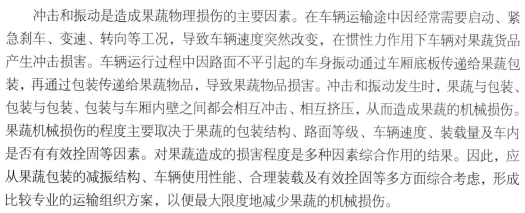

低碳化冷藏车选用的基本思路与技术路径

在国家政策引领和标准规范指导下，冷链物流持续健康发展，2015—2018 年全国冷藏车市场保有量和新能源汽车市场保有量均持续稳定上升。与此同时，在果蔬采后储运过程中，由于运输过程中的机械损伤所导致的损失达 25%～45%，温度控制不当造成的损失占 60%～70%。

冲击和振动是造成果蔬物理损伤的主要因素。在车辆运输途中因经常需要启动、紧急刹车、变速、转向等工况，导致车辆速度突然改变，在惯性力作用下车辆对果蔬货品产生冲击损害。车辆运行过程中因路面不平引起的车身振动通过车厢底板传递给果蔬包装，再通过包装传递给果蔬物品，导致果蔬物品损害。冲击和振动发生时，果蔬与包装、包装与包装、包装与车厢内壁之间都会相互冲击、相互挤压，从而造成果蔬的机械损伤。果蔬机械损伤的程度主要取决于果蔬的包装结构、路面等级、车辆速度、装载量及车内是否有效拴固等因素。对果蔬造成的损害程度是多种因素综合作用的结果。因此，应从果蔬包装的减振结构、车辆使用性能、合理装载及有效拴固等多方面综合考虑，形成比较专业的运输组织方案，以便最大限度地减少果蔬的机械损伤。

在长途运输过程中，由于运输距离长、气候条件变化大，因而果蔬会受到气候条件影响而发生损害。研究表明，在运输过程中，温度是影响运输果蔬品质的主要因素，低温能够抑制果蔬的呼吸作用，减少果蔬失水，抑制果蔬表面细菌生长。此外，环境温度波动会刺激果蔬中水解酶的活性，促进果蔬呼吸。因此，选用适宜的冷藏载运工具，保证果蔬在适宜的低温条件下运输是减少果蔬损失的基本技术手段。

基于上述分析可知，冷链运输的环境条件是客观存在的，在进行果蔬冷链运输配送车辆选型时，应充分考虑车辆使用的环境条件，在保证为果蔬物品提供适宜的温度、湿度条件的前提下，优先选择低碳环保的新能源车型，并通过合理选用车辆的使用性能和果蔬包装的结构形式减少振动、冲击对果蔬产生的机械损害程度。因此，本书提出果蔬冷藏车选型的基本思路：在我国"双碳"目标和冷链物流发展政策指引下，遵循"低碳环保、安全高效"的基本原则，从分析运输环节造成果蔬损害的影响因素开始，针对果蔬对冷链运输的环境条件要求，确定果蔬运输车辆应具备的基本性能和技术要求，并依据相关标准选择适宜的车辆结构类型，通过广泛深入的市场调查确定"性价比"较高的冷藏车的品牌和具体型号。基于低碳高效的视角，果蔬冷链运输配送车辆应从技术和应用两条路径进行合理选择，如图 11-1 所示。

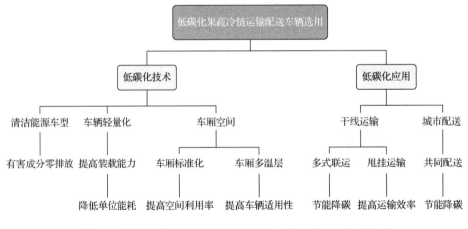

图 11-1 低碳化果蔬冷链运输配送车辆选用的途径与技术手段

11.2 冷藏保温车的分类与技术要求

我国国家标准从不同的角度对冷藏保温车进行了分类，并提出了技术要求。

11.2.1 冷藏保温车的分类

冷藏保温车是指装备温度调节设备、车厢具有一定保持预设温度范围功能的货物运输车辆，包括冷藏保温货车和冷藏保温挂车。

第 11 章
冷藏车的合理选型及 CAD 应用实训

1. 冷藏保温货车的分类

根据国家标准《冷藏保温车选型技术要求》（GB/T 40475—2021），冷藏保温货车可按以下方式进行分类。

（1）按车辆的温度控制范围分类。

当环境温度为 30℃时，针对冷藏保温货车货舱内平均温度保持的温度范围，将运输易腐食品的冷藏保温货车分为 A、B、C、D、E、F 和 J 共 7 类，具体分类如表 11-2 所示。

表 11-2 运输易腐食品的冷藏保温货车分类

类别	A	B	C	D	E	F	J
货舱内平均温度/℃	12～0	12～-10	12～-20	≤0	≤-10	≤-20	≤-30

（2）按车辆的总长与最大总质量分类。

按照冷藏保温货车的总长、最大总质量，冷藏保温货车可分为重型、大型、中型、轻型和微型 5 类，具体分类如表 11-3 所示。

表 11-3 冷藏保温货车按总长和最大总质量分类

类别	重型	大型	中型	轻型	微型
总长（L）/m	$L>9$	$7<L≤9$	$6<L≤7$	$3.5<L≤6$	$L≤3.5$
最大总质量（G）/kg	$G>12000$	$8000≤G≤12000$	$4500≤G<8000$	$1800<G<4500$	$G≤1800$

2. 冷藏保温挂车的分类

根据国家标准《货运挂车系列型谱》（GB/T 6420—2017），冷藏保温挂车分中置轴挂车和半挂车两大类，其中冷藏保温半挂车的技术参数如表 11-4 所示。

表 11-4 冷藏保温半挂车的技术参数

车轴数量	最大允许总质量/kg	冷藏车整车整备质量/kg		保温车整车整备质量/kg		最大长度/mm	最大宽度/mm	最大高度/mm
		A 类	B 类	A 类	B 类			
1	18000	≤7700	≤6700	≤7000	≤6000	13200	2600	4000
2	35000	≤9400	≤8400	≤8600	≤7600	13750		
3	40000	≤10600	≤9600	≤9800	≤8800	13750		

注：A 类为普通挂车；B 类是指采用新材料新结构而达到相关技术要求的轻量化挂车。

11.2.2 冷藏保温车选型的技术要求

本节对冷藏运输配送车辆相关标准进行了全面梳理，各标准对冷藏运输环节的具体要求如表 11-5 所示，表中所列各项技术要求是进行冷藏保温车辆选型的基本依据。

表 11-5 各标准对冷藏运输环节的具体要求

标准编号	标准名称	对冷藏运输技术要求的具体条款
GB/T 40475—2021	《冷藏保温车选型技术要求》	4 分类；5 整车要求；6 车厢要求；7 专用配置要求；8 车辆选型与车体标识要求
GB 31605—2020	《食品安全国家标准 食品冷链物流卫生规范》	3 基本要求；5 运输配送；8 追溯及召回
GB 31621—2014	《食品安全国家标准 食品经营过程卫生规范》	3 运输
GB/T 22918—2008	《易腐食品控温运输技术要求》	4 运输基本要求；6 运输途中要求
GB/T 24616—2019	《冷藏、冷冻食品物流包装、标志、运输和储存》	6.1 运输设备
GB/T 29753—2013	《道路运输 食品与生物制品冷藏车安全要求及试验方法》	5.1 整车；5.2 车厢；5.3 制冷机组；5.4 降温性能；5.5 保温性能
WB/T 1060—2016	《道路运输 食品冷藏车功能选用技术规范》	5.1 整车；5.2 底盘；5.3 车厢；5.4 制冷机组；6.1 城市配送冷藏车；6.2 多温冷藏车；6.3 专用装置
SB/T 10728—2012	《易腐食品冷藏链技术要求 果蔬类》	7.1 控温运输工具的要求
QC/T 449—2010	《保温车、冷藏车技术条件及试验方法》	4.3 整车要求；4.4 安全要求；4.5 环保要求；4.6 车厢要求；4.7 电气系统

根据国家标准《食品安全国家标准 食品冷链物流卫生规范》（GB 31605—2020），运输配送环节应满足以下基本要求。

（1）运输工具应保持清洁卫生，应建立清洁卫生消毒记录制度，定期对运输工具清洁、消毒。运输工具不得运输有毒有害物质，防止食品被污染。当食品冷链物流关系到公共卫生事件时，应增加对运输工具的厢体内外部、运输车辆驾驶室等的清洁消毒频次，并做好记录。

（2）应根据食品的类型、特性、季节、运输距离等选择不同的运输工具和运输线路，同一运输工具运输不同食品及多点装卸时，应根据产品特性，做好分装、分离或分隔，并存放在符合食品储存温度要求的区域。

（3）装货前应对运输工具进行检查，根据食品的运输温度对厢体进行预冷，并应在运输开始前达到食品运输需要的温度。

（4）运输过程中的温度应实时连续监控，记录时间间隔不宜超过 10min，且应真实准确。

（5）当运输设备温度超出设定范围时，应立即采取纠正行动和应急措施，并如实记录超温的范围和时间。

（6）运输过程中运输工具应采取安全性措施，如铅封或加锁等。运输过程宜保持平稳，装卸时应行动迅速、轻拿轻放，并尽量减少车厢开门次数和时间。

（7）配送前应确认食品物流包装完整，温度符合要求。

（8）需冷冻的食品在运输过程中温度不应高于-18℃，需冷藏的食品在运输过程中温度应为 0~10℃。

11.3 果蔬冷藏保温车的合理选型

从公路运输运距来看，果蔬冷藏保温车可分为干线运输车辆和城市配送汽车两大类。本节以分析果蔬冷藏车的技术要求作为切入点，主要研究其结构类型与关键技术参数的选择。

11.3.1 果蔬冷藏保温车的技术要求

根据行业标准《易腐食品冷藏链技术要求 果蔬类》（SB/T 10728—2012），果蔬冷链运输的基本要求如下。

（1）果蔬运输应使用控温运输工具，常见蔬菜的温度控制范围为 0~15℃，湿度控制范围为 65%~98%；常见水果的温度控制范围为 0~15℃，湿度控制范围为 75%~95%。每一种具体的水果和蔬菜在运输途中温度、湿度的控制参数要求详见该标准附录 A 和附录 B。

（2）装卸及运输过程中，果蔬的温度波动应不大于 3℃。

（3）在冷藏链运输过程中，应做到果蔬质量的可追溯。记录信息应包括果蔬的品种、产地、数量、质量、等级、品牌、供应商名称、储存条件、交接时间、检验记录等。

（4）在果蔬冷链运输途中应检查配套设施的运行情况。

11.3.2 果蔬冷藏保温车结构类型的选择

果蔬冷链运输配送车辆可分为冷藏车和保温车两种类型。冷藏车是装备有隔热结构的车厢和制冷装置，用于冷藏运输的厢式汽车。保温车是指具有隔热结构的车厢，用于保温运输的厢式汽车。厢式汽车是指具有封闭结构车厢和防雨、防晒、防尘功能，用于运输货物的汽车。

从动力装置来看，果蔬冷链运输配送车辆尽量选用新能源车型。城市配送冷藏保温车可根据配送区域新能源车辆配套设施建设情况选用不同类型的新能源冷藏保温车，包括混合动力汽车、电动汽车、燃气汽车等。干线运输冷藏保温车也需要综合考虑运输范围、沿线配套设施建设等尽量选用新能源汽车，目前，市场主流的果蔬冷链干线运输新能源汽车的类型有燃气汽车，如 LNG 汽车等。

根据国家标准《易腐食品控温运输技术要求》（GB/T 22918—2008）的规定，在运输途中，控温运输工具应按果蔬特性要求保持适宜的车厢内部温度。当外部环境温度较高时，应尽量使用具有调温功能的冷藏车进行运输。在运输时间较短，外部环境温度允许时，可采用具有隔热功能的保温车进行运输，但运输途中货物温度变化应不大于 3℃。根据标准第 6.2 条规定，当控温运输工具内部环境温度与外部环境温度存在 15℃以内的温差，在充分保温或预冷的条件下，运输时间少于 12 小时的，可用保温车运输易腐货物；当控温运输工具内部环境温度与外部环境温度存在 15～30℃的温差，运输时间少于 6 小时的，可用保温车运输易腐货物；当控温运输工具内部环境温度与外部环境温度存在 30℃以上的温差，运输时间少于 3 小时的，可用保温车运输易腐货物。对于城市内的多点共同配送环节宜使用温控的冷藏车。

根据果蔬冷链的适宜温度、湿度条件要求，依据国家标准《冷藏保温车选型技术要求》（GB/T 40475—2021），从温度控制范围的要求来看，果蔬冷藏保温车的结构类型宜选择 A 类和 B 类。

从车辆动力源来看，果蔬冷藏保温车根据市场情况，结合配套设施建设情况，尽量选择节能环保的新能源车。从高效运输组织的角度，应选择适用于甩挂运输的半挂汽车列车。因此，果蔬冷藏保温车的结构类型宜选择 A 类或 B 类的新能源半挂汽车列车。

11.3.3 果蔬冷藏保温车厢关键参数的选择

冷藏保温车厢作为直接承载冷藏货品的空间场所，是冷藏保温车的专用装置，在车厢隔热性、密封性、气体流通性等方面，国家标准均提出了严格要求。

1. 车厢的隔热性

根据国家标准《道路运输 食品与生物制品冷藏车安全要求及试验方法》（GB/T 29753—2013）的规定，车厢应有一定的隔热性能，车厢的隔热性由总传热系数表示。总传热系数是指在稳定传热条件下，冷藏车厢内外平均温差为 1℃时，单位时间内单位面积传递的热量。冷藏车厢的总传热系数分Ⅰ和Ⅱ两个级别，应符合表 11-6 的规定。

表 11-6　冷藏车厢隔热性能限值要求

类别	I	II
总传热系数/[W/（m²·K）]	≤0.4	>0.4～0.7

注：II类不得用于 B、C、E、F、G、H 类冷藏车。

根据国家标准《冷藏保温车选型技术要求》（GB/T 40475—2021）的定义，传热量是指环境温度为 30℃时，单位时间内需要向冷藏保温车厢内输入的冷量，单位为 W。传热量的计算公式为

$$Q = K \cdot S \cdot \Delta T \tag{11-1}$$

式中：Q——传热量，单位为 W；

　　　K——厢体总传热系数，单位为 W/（m²·K）；

　　　S——厢体的传热面积，单位为 m²；

　　　ΔT——车厢内外温差，单位为 K。

厢体的传热面积为冷藏车厢体内部表面积和外部表面积的几何平均值，计算公式为

$$S = \sqrt{S_i \cdot S_e} \tag{11-2}$$

式中：S_i——车厢内部表面积，单位为 m²；

　　　S_e——车厢外部表面积，单位为 m²。

车厢内外温差的计算公式为

$$\Delta T = |T_i - T_e| \tag{11-3}$$

式中：T_i——车厢内部平均温度，单位为 K；

　　　T_e——车厢外部平均温度，单位为 K。

按式（11-1）计算出的传热量为车厢的最低传热量。不同的冷藏保温车型，所需传热量的大小与车厢厢体的传热面积、总传热系数及车厢内外温差有关。常用车型的车厢容积匹配的最低传热量可参考国家标准《冷藏保温车选型技术要求》（GB/T 40475—2021）中的表 A.1。

2. 车厢的密封性

根据国家标准《道路运输 食品与生物制品冷藏车安全要求及试验方法》（GB 29753—2013）的规定，车厢应有一定的气密性，车厢的气密性用漏气倍数 L 来衡量，冷藏车厢的漏气倍数应符合表 11-7 的规定。

表 11-7　冷藏车厢的漏气倍数

厢体传热面积/m²	>40	20～40	<20
漏气倍数/h⁻¹	≤3.0	≤3.8	≤6.3

根据行业标准《保温车、冷藏车技术条件及试验方法》(QC/T 449—2010)，漏气倍数的计算公式为

$$L = \frac{V}{V_x} \tag{11-4}$$

式中：L——漏气倍数，单位为 h^{-1}；
V——标准状态下的漏气量，单位为 m^3/h；
V_x——车厢的容积，单位为 m^3。

3. 车厢内的气体流通性要求

对于车厢内的气体流通性要求，国家标准《冷藏保温车选型技术要求》(GB/T 40475—2021)第6.3条做出了如下具体规定。

（1）车厢应具有良好的冷风循环系统。车厢内部长度大于8000mm的冷藏保温车自制冷机组的冷气出口开始，在车厢顶部、侧壁、地板宜设置冷气导流装置。

（2）车厢内部应标示装载高度限制线，限制线高度应不高于制冷机组冷气出风口下沿。

（3）车辆满载时，车厢内部温度测量点区域温差应在±2℃以内。

（4）冷藏保温车通风孔直径最大尺寸应小于400mm。从事国际道路运输的冷藏保温车应在通风口的端口安装符合要求的防护装置。

4. 制冷机组制冷量的确定

冷藏保温半挂车应选择自带发动机驱动的整体独立式制冷机组，制冷机组应符合国家标准《运输用制冷机组》(GB/T 21145—2007)的规定和技术要求，制冷机组的关键技术参数是制冷量。

根据国家标准《冷藏保温车选型技术要求》(GB/T 40475—2021)中的定义，制冷量是制冷机组进行制冷运行时，在规定的条件下单位时间内从密闭空间、区域内去除的热量总和，单位为 W。根据行业标准《道路运输 食品冷藏车功能选用技术规范》(WB/T 1060—2016)的规定，制冷机组的制冷量应不小于传热量的1.75倍。

本节只介绍了冷藏保温车的专用性能和最基本的技术要求，对冷藏保温车的合理选型，还需要综合考虑车辆的动力性、燃料经济性、制动性、操纵稳定性、安全环保性等，以性价比高为原则，根据实际需要确定具体的车辆品牌和型号。

11.4 冷藏保温半挂汽车列车选型CAD应用实训

半挂汽车列车由半挂车、半挂牵引车与支撑连接装置构成。

冷藏保温半挂车（以下简称半挂车）的尺寸应符合国家标准《货运挂车系列型谱》

第 11 章
冷藏车的合理选型及 CAD 应用实训

（GB/T 6420—2017）的规定。半挂车的最大外廓尺寸总长、总宽和总高分别为 13750mm、2600mm 和 4000mm，设车厢壁厚为 80mm，则车厢内部长、宽和高分别为 13590mm、2440mm 和 2760mm，设轮胎直径为 950mm。车厢内上部必须留有足够的空间，用于设置车内气流循环的送风管道，以及叉车装卸作业所需的空间尺寸，车厢的前后部、左右侧、底部及货物之间均应留有气流循环所需的必要空间，车厢底部与中间部位通过托盘的叉孔兼作通风风道，这样可保证在运输途中果蔬周围均能实现有效通风，从而保证果蔬品质。

使用 AutoCAD 软件绘图的基本步骤如下。

（1）绘制半挂车结构简图，如图 11-2 所示。利用绘制直线命令绘制水平支撑地面线；利用绘制矩形命令绘制车厢；利用绘制圆命令绘制车轮；利用绘制直线和圆角命令绘制制冷机组和半挂车支撑装置；加上尺寸标注和文字说明。

（2）绘制牵引车结构简图，如图 11-3 所示。利用绘制直线命令绘制水平支撑地面线；利用绘制圆命令绘制车轮；反复利用绘制直线命令和圆角命令绘制驾驶室；利用绘制直线命令绘制车架；加上尺寸标注和文字说明。

（3）通过"复制"→"粘贴为块"的方式，将步骤（1）和（2）绘制的半挂车和牵引车生成为"块"。操作步骤是选择要生成"块"的图形，再启用"复制"命令，最后选择"粘贴为块"命令，则图形就变成"块"了。

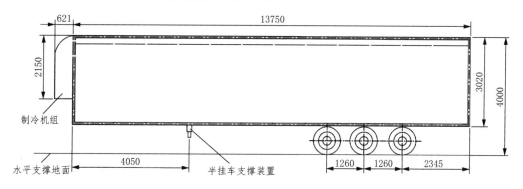

图 11-2 半挂车结构简图

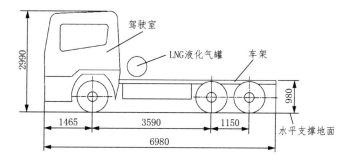

图 11-3 牵引车结构简图

（4）绘制半挂车列车结构简图，通过移动命令将半挂车和牵引车合成为半挂车列车，如图11-4所示。

（5）绘制托盘集装单元装载简图。将两个托盘集装单元堆垛并放置在离车厢前壁300mm处；利用矩形阵列命令，通过设置阵列的参数，一次性生成托盘集装单元的装载简图，如图11-5所示。

（6）在图11-5的基础上，利用直线命令、圆角命令、阵列命令等绘制半挂车列车俯视图，并完成尺寸标注，如图11-6所示。

（7）在半挂车列车主视图基础上绘制车内气流循环组织示意图，用箭头方向表示冷风循环动线，如图11-7所示。

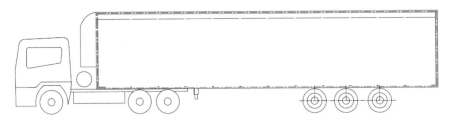

图11-4　半挂车列车结构简图

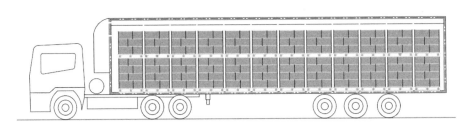

图11-5　托盘集装单元装载简图

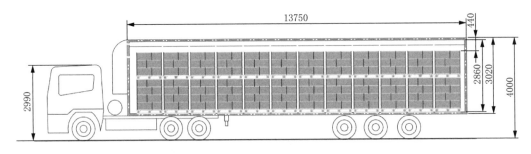

图11-6　半挂车列车主视图和俯视图

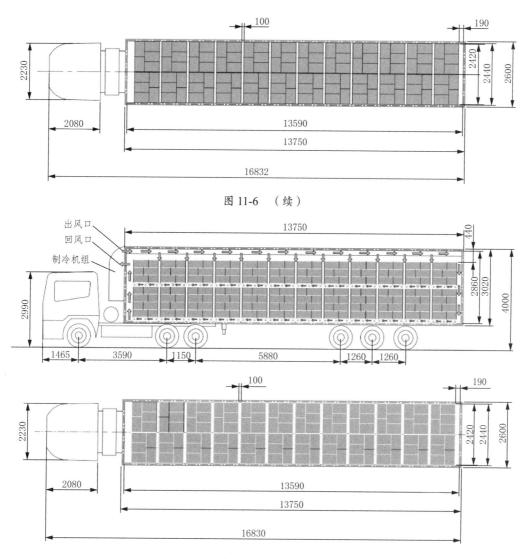

图 11-6 （续）

图 11-7 车内气流循环组织示意图

11.5 果蔬冷藏保温车的合理使用

为保证果蔬冷藏保温车的使用效果，在车辆使用过程中的关键环节应严格遵守相关标准规定，关键环节主要包括预冷、装载与拴固、运输配送和交接环节。

11.5.1 车厢预冷

为保证果蔬在运输过程中的冷链温度条件，在装车前必须通过专用的预冷设施将果蔬温度降低到标准要求的装车温度。依据行业标准《易腐食品冷藏链技术要求 果蔬类》（SB/T 10728—2012）的规定，每种水果和蔬菜的感官质量均有其最适宜的预冷方式与具体的预冷温度要求，具体要求参见该标准的附录 A 和附录 B。

1. 车辆状况检查

车辆装载前应确保车辆状况良好，应对车辆状况进行检查，根据国家标准《食品安全国家标准 食品冷链物流卫生规范》（GB 31605—2020）和《易腐食品控温运输技术要求》（GB/T 22918—2008）的规定，具体检查内容如下。

① 检查车辆卫生状况。运输工具应保持清洁卫生，应建立清洁卫生消毒记录制度，定期对运输工具清洁、消毒。

② 检查控温运输工具的制冷或加热设备功能，应保证能正常工作。

③ 检查控温运输工具的隔热壁是否正常，门的密封是否完好。

④ 检查控温运输工具的温度应符合待运易腐食品的温度要求，最大温度偏差应不大于 3℃。

2. 车厢预冷

根据国家标准《食品安全国家标准 食品冷链物流卫生规范》（GB 31605—2020）第 5.3 条，装货前应对运输工具进行检查，根据食品的运输温度对厢体进行预冷，并应在运输开始达到食品运输需要的温度。

根据国家标准《易腐食品控温运输技术要求》（GB/T 22918—2008）第 5.1 条，利用控温运输工具运输易腐货物时，装载前应对运输工具内部空气初始温度进行调控，在温度适宜时方可装载。在环境温度高于运输货物所需温度时，运输工具内部空气初始温度应至少调整为运输温度范围的上限；在环境温度低于运输货物所需温度时，运输工具内部空气初始温度应至少调整为运输温度范围的下限，如无法达到，运输工具应提前预冷或加热，且温度偏差应不大于 3℃。

11.5.2　车辆装载与有效拴固

1. 车辆的合理装载

车辆装载应符合国家标准《易腐食品控温运输技术要求》（GB/T 22918—2008）的相关条款规定。

根据标准第 5.2 条，车辆装载环境要求如下：如果冷库配置有封闭式装载月台，冷库作业人员可适当提前从冷库内将待运货物运送到月台上，驾驶员将控温运输工具停靠在冷库月台并保证二者密封且有效衔接好，便于装卸搬运工具顺利完成装卸搬运作业；如果冷库没有配置封闭式装载月台，宜用活动式连接装置将冷库门与载运工具的门相对接，保证装卸环节处于封闭的空间内进行作业。

标准第5.5条规定，装载过程中易腐食品的温度变化应不大于3℃。第5.8条规定，装载过程中应实时监控运输工具内部温度，如温度大于允许值，应停止装货，并对运输工具进行检修，如仍无法维持其内部温度，应更换控温运输工具。

标准第5.6条和5.7条规定，车辆装载时宜使用叉车和托盘，装卸过程中应轻拿轻放，视情况采取加固措施。

另外，车辆装载应采用适当的装载方法，保证货物与车厢内壁以及货物之间留出足够的间隙，保证气流通畅。

2. 果蔬货物的有效拴固

振动和冲击是运输过程中的客观条件，会对果蔬产生机械损伤等。为减弱或消除运输途中振动和冲击对果蔬的损伤，果蔬货物装载后要采取适当地拴固措施，有效防止货物与车厢内壁以及货物之间的相互碰撞、挤压等。

11.5.3 运输配送

根据国家标准《食品安全国家标准 食品冷链物流卫生规范》（GB 31605—2020）的规定，运输过程中应符合以下要求。

（1）运输过程中的温度应实时连续监控，记录时间间隔不宜超过10min，且应真实准确。

（2）当运输设备温度超出设定范围时，应立即采取纠正行动和应急措施，并如实记录超温的范围和时间。

（3）运输过程中运输工具应采取安全性措施，如铅封或加锁等。运输过程宜保持平稳，装卸时应行动迅速、轻拿轻放，并尽量减少车厢开门次数和时间。

（4）配送前应确认食品物流包装完整，温度符合要求。

另外，国家标准《易腐食品控温运输技术要求》（GB/T 22918—2008）也专门针对运输过程提出了具体要求。

（1）控温运输工具在运输易腐货物途中，应尽量保持平稳，减少车辆振动和冲击。

（2）运输未预冷的水果和蔬菜时，宜根据货物性质选择适当的时机进行通风换气。

（3）装有易腐货物的控温运输工具，在运输途中不宜长时间停留、积压。遇有特殊情况需要停留时，应立即采取措施转运或就近妥善处理。

（4）控温运输工具操作人员应做好隔热围护结构和系统装置的日常维护保养，并做好记录。控温运输工具发生故障时，应尽快抢修，不能及时修复时，应立即采取措施转运或就近妥善处理。

11.5.4 做好交接工作

根据国家标准《食品安全国家标准 食品冷链物流卫生规范》（GB 31605—2020）和

《易腐食品控温运输技术要求》（GB/T 22918—2008）的规定，交接环节的具体要求如下。

（1）交接环境应符合食品安全要求，并建立清洁卫生管理制度。

（2）交接时应检查食品状态，并确定食品物流包装完整、清洁、无污染、无异味。

（3）交接双方确认易腐货物的种类、质量、数量、温度、包装等信息，确认无误后应尽快完成装卸作业，并做好交接记录。

（4）交接时应测量食品外箱表面温度或内包装表面温度，并记录。如表面温度超出规定范围，还应测量食品中心温度。

（5）交接时应严格控制作业环境温度并尽量缩短作业时间，以防止食品温度超出规定范围，如无封闭月台，装卸货间隙应随时关闭厢体门。

（6）交接时应查验运输工具环境温度是否符合温控要求。入库和配送交接时，应查验全程温度记录；出库交接时，应查验在库温度记录。当温度或食品状态异常时，应不予接收。

（7）当食品冷链物流关系到公共卫生事件时，应进行食品外包装及交接用相关用品用具的清洁和消毒。

本章小结

本章提出了低碳化果蔬冷链运输车辆选用的基本思路与技术路径，重点介绍了公路果蔬冷藏保温车的结构类型与技术要求，依据相关标准设计了果蔬冷藏保温车理想的尺寸参数，详细阐述了果蔬冷藏保温车选型的技术内容，以托盘集装单元货物为装运对象，设计了托盘集装单元与冷藏保温半挂车列车的高效匹配装载方案，具有很好的理论意义和实际指导价值。

本章习题

1. 简答题

（1）简述冷藏保温车的分类方法与技术要求。

（2）简述低碳化果蔬冷链运输车辆合理选用的基本思路与技术路径。

（3）针对某一果蔬货品，为其合理选择冷藏保温车类型，并说明其技术要求。

2. 上机实训

在认真学习11.4节的内容后，按照其讲解的绘制方法和步骤完成图11-7的绘制任务。

第 12 章
物流工程CAD综合实训案例

📦 【教学目标】

（1）了解国家对物流的相关政策、法规和标准。
（2）掌握物流设施规划的专业知识点。
（3）掌握物流工程绘图的基本思路与方法。
（4）掌握 CAD 技术在物流设施规划中的综合应用技巧。
（5）能够根据物流需求，依据相关标准，提出比较专业的物流设施规划方案，并能够灵活运用 CAD 技术准确地绘制所需的工程方案图。

物流设施作为重要的物流资产，对物流行业的高质量发展起着关键的支撑作用。典型的物流设施形态包括物流园区、物流中心、配送中心、货运站场及各种仓库等。物流设施的规划设计应当以满足物流功能的业务需求为基本前提，以国家政策法规为导向，依据相应的技术标准或规范，进行详细的调研分析，研究提出合理的物流设施规划设计方案。通常情况下，在进行物流设施规划设计时，需要绘制项目的总平面布局图、功能分区图、内部交通组织图等。本章综合应用前面章节所学知识，以某多式联运物流中心的总体规划为例，阐述物流设施规划的专业知识要点，详细说明运用 CAD 技术绘制物流设施技术图样的方法与步骤。

12.1 案例概况

本案例采用了作者的研究项目"齐河铁路物流园多式联运物流中心规划"（以下简称项目）。项目位于山东省德州市某铁路物流园区内，其内部拥有多条铁路专用线，周边有京沪、济邯、胶济等铁路线路，5 条高速公路及多条不同等级公路，项目所在地是全国高速公路密度很高的区域之一，具有良好的综合交通、多式联运条件。铁路物流园区总占地面积约 4474 亩（约 $2.98km^2$），其中本项目总占地面积约 1320 亩（约 $0.88km^2$），总建筑面积为 $353858m^2$，容积率为 0.7，建筑密度为 68.08%，绿化率为 19.6%。

综合实训案例

12.2 项目的战略定位与发展目标

12.2.1 项目的战略定位

本项目的战略定位包括服务客户定位、服务功能定位与服务范围定位。

服务客户定位：针对目标市场中规模以上的工业企业、商业网点集群、第三方物流企业及社会大众等提供零担、整车、集装箱货物的综合物流服务。

服务功能定位：运输（多式联运）、仓储（含普通仓储、保税监管、冷藏及电商仓配一体化）、配送、装卸搬运、包装、流通加工、信息服务、集装箱租赁服务、综合配套服务等。

服务范围定位：立足德州，面向山东，积极融入"一带一路"倡议，以及"京津冀协同发展""中韩自贸区地方经济合作示范区建设"等国家发展战略，有效对接航空港、水运港口连通国际市场，提供国际化多式联运综合物流服务。

12.2.2 项目的发展目标

本项目的总体发展目标是以市场需求为导向，依据国家政策、法规、标准等，有序对接"一带一路"倡议，以及"京津冀协同发展""中韩自贸区地方经济合作示范区建设"等国家战略，充分发挥公铁水多式联运的组合优势，以满足铁路物流园区内零担、整车、集装箱货物的物流需求为核心，以物联网技术为支撑，构建"两站一场一平台"（"两站"指高水平的甩挂运输站和高等级的集装箱中转站，"一场"指公铁联运快速转换场，"一平台"指智能化物流信息平台）为总体架构的智能化公共型物流中心，通过创新发展"高效、安全、低碳、环保"的运营新模式，尽快建立健全现代物流服务体系，形成物流服务品牌，建成全国铁路系统多式联运示范工程项目，促进区域经济健康可持续发展。

依据上述战略定位与发展目标，研究提出本项目的总体架构，如图12-1所示。从总体架构来看，本项目从以下四个方面充分体现了低碳化特色。

1. 运营模式的集成创新特色

本项目充分发挥项目所在地的区位优势，基于公铁联运集成应用"单元化+甩挂运输+驼背运输"物流创新模式，实现了零担、整车、集装箱货物的快速装卸及转运，大大提高了整体物流效率，能够为客户提供高效、稳定、经济的综合物流服务。

2. 标准化特色

在项目规划建设过程中，始终坚持标准化原则，选用标准化集装器具、标准化载运工具、标准化场站设施、标准化业务流程和标准化信息系统，通过实施标准化策略，实现项目的高效运作。

3. 智能化特色

本项目集成应用条码、射频识别、电子数据交换、GPS/GIS 及物联网等现代信息技术，实现各项物流活动的智能调度和优化管理。

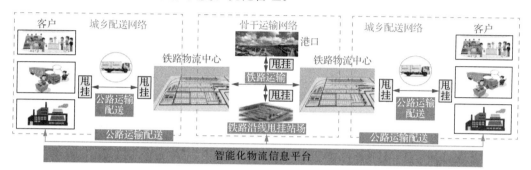

图 12-1 本项目的总体架构

图 12-1 彩图

4. 节能环保特色

本项目选用清洁能源车辆（如 LNG、LPG、CNG、燃料电池、锂电池电动汽车等），降低碳排放，实现节能环保。通过基于多式联运、甩挂运输的单元化物流组织模式，借助智能化技术手段，能够充分发挥多式联运的综合优势，最大限度地实现项目运营的低碳化。

12.3 本项目的总体布局规划

12.3.1 功能区域划分

根据本项目的战略定位与发展目标，其主要划分为铁路装卸作业区、甩挂运输作业区、集装箱中转作业区、仓储配送作业区、公铁联运配载区和商务配套服务区六大功能区。各功能区的业务概况如表 12-1 所示。

表 12-1 各功能区的业务概况

序号	功能区	业务概况
1	铁路装卸作业区	由零担货物装卸区、集装箱装卸区（含前方堆场）和公铁联运快速转换场组成。零担货物装卸区由零担仓库、装卸平台及铁路零担专用线组成，满足铁路零担货物的快速转运要求；集装箱装卸区由铁路集装箱卸专用线、集装箱前方堆场组成，满足集装箱货物的快速转运要求；公铁联运快速转换由铁路专用线、停车场（或挂车池）组成，以驼背运输方式实现整车货物的快速转运

续表

序号	功能区	业务概况
2	甩挂运输作业区	由挂车池、牵引车停放区组成。挂车池用于挂车的停放；牵引车停放区用于牵引车的停放。在公共仓库、零担仓库设计供挂车停靠的装卸平台，以满足甩挂作业要求
3	集装箱中转作业区	由集装箱堆场（包括重箱堆场和空箱堆场）、拆装箱区、集装箱回收维修区和集装箱清洗区等组成，满足铁路集装箱中转、堆存、海关监管、拆拼箱、空箱租赁、维修、回收等业务要求
4	仓储配送作业区	由公共仓库及配套设施组成，包括普通仓库、保税仓库、电商仓库及冷库等，主要满足铁路到发货物的仓储、配送、分拣、装卸搬运、包装及流通加工等作业需要
5	公铁联运配载区	由社会车辆停车场、车辆维修区组成，主要服务于专线企业及外来寻找返程货源的社会车辆。通过智能化信息平台，实现快运资源的优化整合与科学管理
6	商务配套服务区	由综合办公区和商业配套区组成。综合办公区满足物流中心的综合管理要求；商业配套区主要提供餐饮、住宿、娱乐、购物等服务。该功能区为本项目入驻企业提供便捷高效、安全可靠的服务与技术支持，同时提供信息服务功能，以便入驻企业快速响应客户需求，为客户提供准确、可靠、及时的信息服务

12.3.2 总体布局规划方案

根据本项目的战略定位及发展目标，结合项目潜在需求分析，研究提出了三种可行性总体布局方案，分别如图 12-2～图 12-4 所示。三种总体布局方案的基本参数如表 12-2 所示，根据国家标准《物流中心分类与规划基本要求》（GB/T 24358—2019）的规定，物流中心的建筑密度应不低于 40%，容积率不低于 0.6，行政办公及生活服务设施占地面积比例不应超过总用地面积的 10%。由表 12-2 可知，三种总体布局方案均符合要求。三种总体布局方案的特征年度物流作业能力分析如表 12-3 所示。各功能区的具体参数分别如表 12-4～表 12-6 所示。

综上所述，三种总体布局方案均能满足特征年度预测的业务需求。从整体布局来看，方案一具有较显著优势：与方案二相比，在物流作业能力相同的情况下，甩挂运输作业区布置在零担仓库（即方案中的到发仓库）与公共仓库之间，能够兼顾两者的甩挂作业需求，提高甩挂作业效率；与方案三相比，零担仓库数量增多，宽度较小，能够更好地满足零担货物快速周转的特点，同时也方便分类储存管理。因此，优先推荐方案一。

第12章
物流工程 CAD 综合实训案例

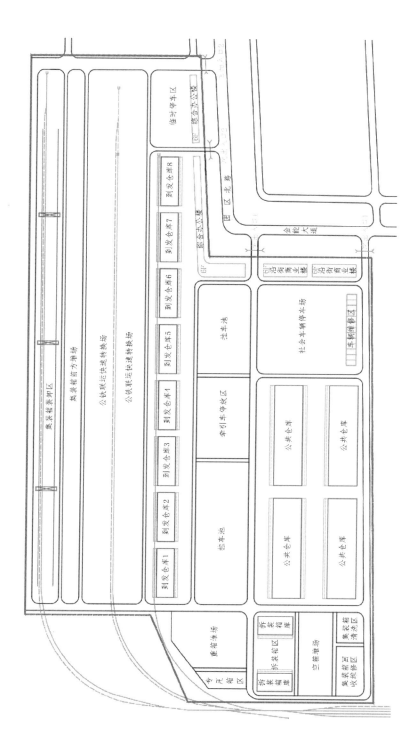

图 12-2 总体布局方案一

图 12-2 彩图

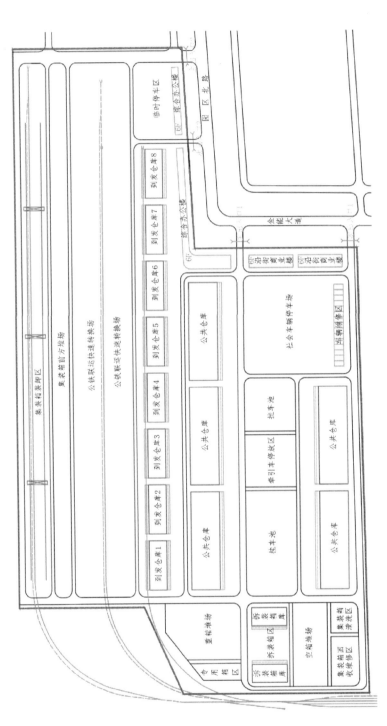

图 12-3 彩图

图 12-3 总体布局方案二

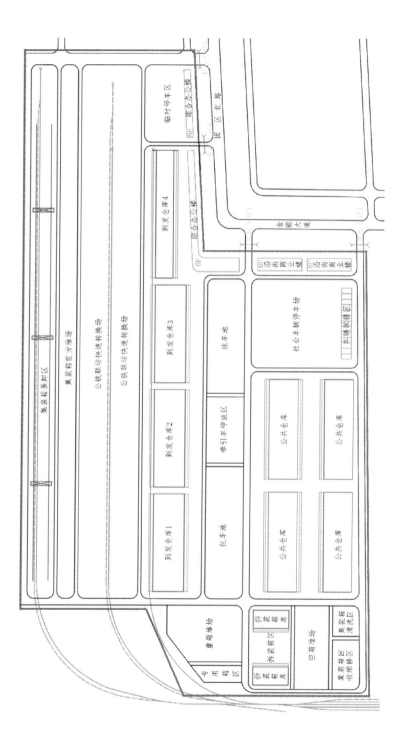

图 12-4 总体布局方案三

图 12-4 彩图

表 12-2 三种总体布局方案的基本参数

序号	项目	单位	方案一	方案二	方案三
1	总占地面积	m²	879831	879831	879831
2	总建筑面积	m²	353858	377615	404676
7	容积率	—	0.7	0.75	0.79
8	建筑密度	%	68.08	71	70.9
9	行政办公及生活服务设施占地面积比例	%	3.5	3.8	3.7

表 12-3 三种总体布局方案的特征年度物流作业能力分析　　　单位：万 t

方案一						
项目类别	2020 年		2025 年		2035 年	
	年业务量	占比	年业务量	占比	年业务量	占比
预测总量	1145	100%	1461	100%	2380	100%
零担	370	32%	370	25%	370	16%
集装箱	775	68%	775	53%	915	38%
整车	0	0%	316	22%	1095	46%
方案二						
项目类别	2020 年		2025 年		2035 年	
	年业务量	占比	年业务量	占比	年业务量	占比
预测总量	1145	100%	1461	100%	2380	100%
零担	370	32%	370	25%	370	16%
集装箱	775	68%	775	53%	915	38%
整车	0	0%	316	22%	1095	46%
方案三						
项目类别	2020 年		2025 年		2035 年	
	年业务量	占比	年业务量	占比	年业务量	占比
预测总量	1145	100%	1461	100%	2380	100%
零担	586	51%	586	40%	586	25%
集装箱	559	49%	559	38%	699	29%
整车	0	0%	316	22%	1095	46%

表 12-4 方案一功能区主要参数　　　　单位：m²

序号	功能区	项目名称	占地面积	场地面积	建筑面积	建筑基地面积	每层面积	层数	栋数
1	甩挂运输作业区	挂车池	84026	60834	—	—	—	—	—
		牵引车停放区		21445	—	—	—	—	—
		小计	84026	82279	—	—	—	—	—
2	集装箱中转作业区	重箱堆场	24648	24648	—	—	—	—	—
		空箱堆场	46432	14423	—	—	—	—	—
		拆装箱区		17757	7680	7680	3840	1	2
		集装箱回收维修区		6907	—	—	—	—	—
		集装箱清洗区		4089	—	—	—	—	—
		小计	71080	67824	7680	7680	—	—	—
3	仓储配送作业区	公共仓库	123141	—	171600	57200	14300	3	4
		小计	123141	—	171600	57200	—	—	—
4	铁路装卸作业区	到发仓库	116145	—	82928	41464	5183	2	8
		公铁联运快速转换场	160528	155927	—	—	—	—	—
		集装箱装卸区（含前方堆场）	126617	117952	—	—	—	—	—
		临时停车区	20084	14909	—	—	—	—	—
		小计	423374	288788	82928	41464	—	—	—
5	公铁联运配载区	社会车辆停车场	46733	35608	—	—	—	—	—
		车辆维修区		—	3432	3432	3432	1	1
		小计	46733	35608	3432	3432	—	—	—
6	商务配套服务区	综合办公区	19920	—	54618	9103	4551.5	6	2
		商业配套区	10560	—	33600	5600	2800	6	2
		小计	30480	—	88218	14703	—	—	—
7		合计	778834	474499	353858	124479	—	—	—
8		道路	100997	—	—	—	—	—	—
9		总计	879831						

表 12-5 方案二功能区主要参数　　　　　单位：m²

序号	功能区	项目名称	占地面积	场地面积	建筑面积	建筑基地面积	每层面积	层数	栋数
1	甩挂运输作业区	挂车池	55224	40089	—	—	—	—	—
		牵引车停放区		13307	—	—	—	—	—
		小计	55224	53396	—	—	—	—	—
2	集装箱中转作业区	重箱堆场	24648	23653					
		空箱堆场		14423					
		拆装箱区		17757	7040	7040	3200	1	2
		集装箱回收维修区	46432	6912					
		集装箱清洗区		4091	—	—			
		小计	71080	66836	7040	7040	—		
3	仓储配送作业区	公共仓库	143030	—	209625	69875	13975	3	5
		小计	143030	—	209625	69875			
4	铁路装卸作业区	到发仓库	101288	—	69120	34560	4320	2	8
		公铁联运快速转换场	160528	155927	—	—	—		
		集装箱装卸区（含前方堆场）	126617	117952	—	—	—		
		临时停车区	20084	14909	—	—	—		
		小计	408517	288788	69120	34560	—		
5	公铁联运配载区	社会车辆停车场	51728	42254	—	—	—		
		车辆维修区		—	3960	3960	3960	1	1
		小计	51728	42254	3960	3960	—		
6	商务配套服务区	综合办公区	20764	—	54618	9103	4551.5	6	2
		商业配套区	12770	—	33252	5542	2771	6	2
		小计	33534	—	87870	14645	—		
7		合计	763113	451274	377615	130080			
8		道路	116718	—	—	—	—		
9		总计	879831	—	—	—	—		

表 12-6 方案三功能区主要参数　　单位：m²

序号	功能区	项目名称	占地面积	场地面积	建筑面积	建筑基地面积	每层面积	层数	栋数
1	甩挂运输作业区	挂车池	60296	46438	—	—	—	—	—
		牵引车停放区		12488	—	—	—	—	—
		小计	60296	58926	—	—	—	—	—
2	集装箱中转作业区	重箱堆场	24648	24648	—	—	—	—	—
		空箱堆场	46432	14423	—	—	—	—	—
		拆装箱区		17757	7040	7040	3520	1	2
		集装箱回收维修区		6907	—	—	—	—	—
		集装箱清洗区		4089	—	—	—	—	—
		小计	71080	67824	7040	7040	—	—	—
3	仓储配送作业区	公共仓库	123141	—	171600	57200	14300	3	4
		小计	123141	—	171600	57200	—	—	—
4	铁路装卸作业区	到发仓库	125446	—	134386	67193	16798.25	2	4
		公铁联运快速转换场	160534	155927	—	—	—	—	—
		集装箱装卸区（含前方堆场）	126689	117952	—	—	—	—	—
		临时停车区	20084	14909	—	—	—	—	—
		小计	432753	288788	134386	67193	—	—	—
5	公铁联运配载区	社会车辆停车场	46733	35608	—	—	—	—	—
		车辆维修区		—	3432	3432	3432	1	1
		小计	46733	35608	3432	3432	—	—	—
6	商务配套服务区	综合办公区	20136	—	54618	9103	4551.5	6	2
		商业配套区	12582	—	33600	5600	2800	6	2
		小计	32718	—	88218	14703	—	—	—
7		合计	766721	451146	404676	149568			
8		道路	113110	—	—				
9		总计	879831	—	—				

12.3.3 总平面布局图的绘制方法

下面以方案一为例，说明利用 AutoCAD 软件绘制总平面布局图的基本思路与步骤。

1. 绘图前的准备工作

（1）建立新的图形样本文件。

为了统一图纸格式，通常需要对文字样式、标注样式、图层等进行统一设置，并将设置的文件保存为样本文件，样本文件的后缀为".dwt"。这样，每当绘制新图时打开保存的样本文件，则绘制的新图与保存的样本文件格式是相同的，用户可根据需要创建不同的样本文件，以便后续使用。

（2）创建新图层。

单击工具栏中的"图层特性管理器"按钮，打开"图层特性管理器"对话框，创建图层并设置图层的颜色、线型和线宽等特性，如图 12-5 所示。

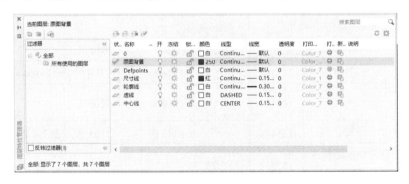

图 12-5 创建图层及特性设置示例

2. 确认并绘制项目规划的红线图

红线图是项目规划的范围界线，本项目规划的红线图如图 12-6 所示。通常情况下，一个新的项目规划其红线图需要从当地政府规划部门获得。本项目是在已有项目的基础上进行的，因此需要与项目方讨论确定。项目方提供了一张 JPG 格式的齐河铁路物流园平面布局图，需要在该图的基础上确定并绘制红线图。绘制红线图的方法步骤如下。

（1）创建一个"原图背景"图层，并将其设置为当前图层（图 12-5）。

（2）在菜单栏中选择"插入"→"光栅图像参照"命令，将齐河铁路物流园平面布局图插入"原图背景"图层。

（3）利用绘制直线命令绘制本项目规划的红线图。

3. 绘制项目的总平面布置图

（1）出入口设计。

一般情况下，需要根据外部交通情况，以车辆出入方便通畅为原则，与客户商定项目出入口的位置与数量。本项目设 2 个双向出入口、1 个单入口和 1 个单出口。其中，双向出入口为进出双通道，单入口和单出口为单向通道。

第 12 章
物流工程 CAD 综合实训案例

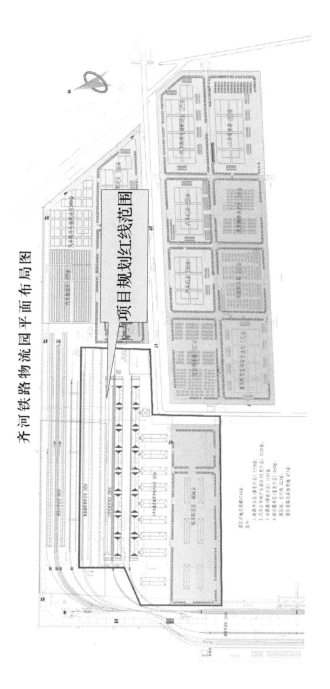

图 12-6 项目规划的红线图

图 12-6 彩图

（2）确定并绘制内部道路图。

根据国家标准《物流设施设备的选用参数要求》（GB/T 39660—2020），道路路面宽度应根据项目面积大小、行车速度、货运量、货物种类、装卸机械、车辆类型及道路类型等因素确定。车道走向及宽度应满足消防、作业安全与行驶安全的要求，单车道宽度不应小于 4m，双车道宽度不应小于 7.5m，车道转弯处适当加宽。

图 12-7 彩图

综合考虑以上因素，根据本项目出入口设置情况，内部道路分为主干道和次干道，主干道设计宽度为 15m，次干道设计宽度为 8m，利用绘制直线命令、圆角命令、偏移命令、剪切命令等完成内部道路的绘制任务，如图 12-7 所示。

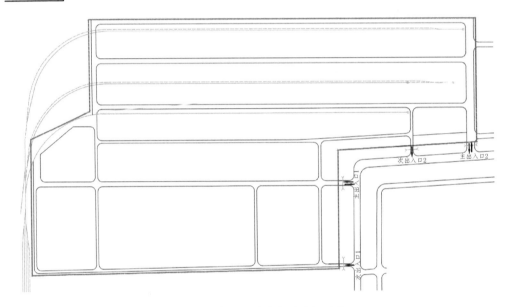

图 12-7　本项目的内部道路规划图

（3）绘制功能分区图。

功能分区通常是以内部道路为界限相对划分的功能区域，常采用不同的颜色表示不同的功能区域，利用 AutoCAD 软件提供的图案填充命令对不同的功能区域填充不同的颜色，如图 12-8 所示。利用文字输入命令在各个功能区域中输入相应的名称。

（4）绘制总平面布局图。

在功能分区图的基础上，综合运用 AutoCAD 软件常用的绘图命令和编辑命令进一步完成各功能区域的详细布局图（图 12-2）。

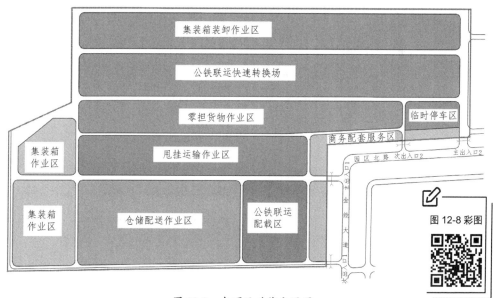

图 12-8 本项目功能分区图

（5）绘制内部交通组织图。

本项目内部交通组织图的绘制采用地面导向箭头表示车流方向，标准的地面导向箭头的形状与尺寸如图 12-9 所示。首先绘制地面导向箭头，然后用箭头表示车流动线，绘制完成的本项目内部交通组织图如图 12-10 所示。图中双向箭头所示道路宽度为 15m，为双向四车道，单向箭头所示道路为 8m，为单向双车道，箭头方向表示车流方向。

（6）尺寸标注。

尺寸标注是工程制图必不可少的组成部分。在此，主要采用线性标注、连续标注、基线标注表示各功能区域的长度尺寸，采用半径标注表示各功能区域中的转弯半径，如图 12-11 所示。

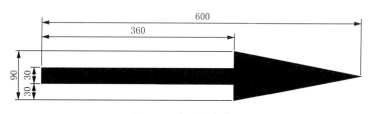

图 12-9 地面导向箭头

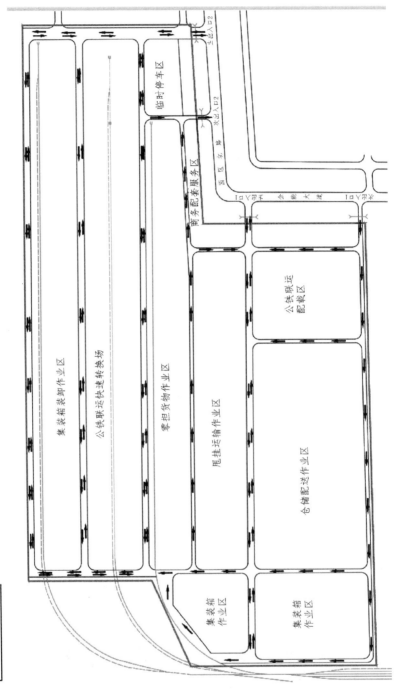

图 12-10 本项目内部交通组织图

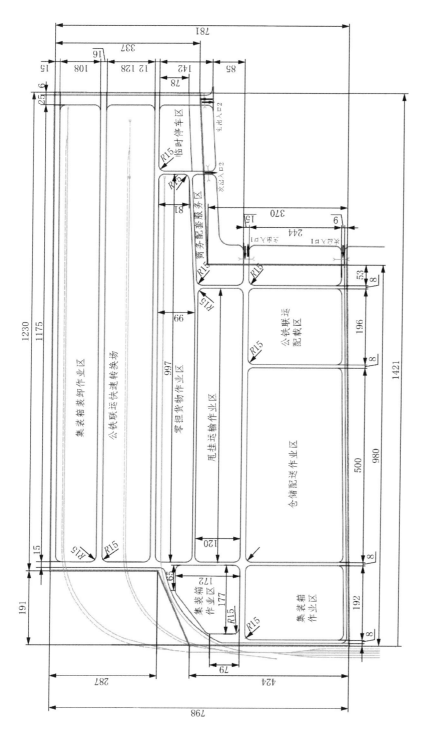

图 12-11 本项目尺寸标注示例(单位:m)

图 12-11 彩图

本章小结

本章以某铁路物流园区多式联运物流中心为例，重点阐述了物流设施规划设计的专业知识要点。物流设施规划应当以市场需求为出发点，以国家政策法规为导向，依据相关标准规范，在进行详细调研分析的基础上，制定项目规划的战略目标与功能定位，进而提出科学合理的物流设施总体规划布局方案。在进行物流设施规划设计时，通常需要绘制总平面布局图、功能分区图、内部交通组织图等。

本章是对前述各章知识的综合应用，通过对本章的学习，学生能够掌握物流工程项目规划的基本思路，以及运用 CAD 技术合理表达设计方案的方法与步骤，培养和提高学生理论联系实际的能力，对全面提升综合职业技能具有良好的指导意义。

本章习题

1. 简答题

（1）什么是物流设施？举例说明常见的物流设施类型。

（2）什么是物流中心？依据国家标准，物流中心是如何分类的？本章综合案例所述的物流中心属于哪种类型？

（3）阐述物流设施规划设计的基本思路与主要工作内容。

（4）在物流设施规划项目中通常需要绘制哪些技术图样？

2. 上机实训

认真阅读并正确理解本章内容，按 12.3.3 节所述的方法完成图 12-2～图 12-4 的绘制任务，给每一张图添加 A4～A0 的标准图框，在图中适当位置撰写技术要求，以表格形式表示技术参数，最后以 PDF 格式打印输出电子版技术图样。

参 考 文 献

林悦香,潘志国,刘艳芬,等,2020. 工程制图与CAD[M]. 2版. 北京：北京航空航天大学出版社.
何培斌,李奇敏,2021. 工程制图基础[M]. 重庆：重庆大学出版社.
李玉民,2009. 物流工程[M]. 重庆：重庆大学出版社.
黄炜,2017. 建筑公用设备工程制图与CAD[M]. 2版. 重庆：重庆大学出版社.
唐英,尹书贤,2020. 托盘单元化物流系统中滑板托盘集装单元堆码高度研究[J]. 物流技术与应用,25(11)：108-112.
赵一霁,万勇,彭晓琴,等,2022. 冷藏贮存设施货架系统及温度精准保障技术研究[J]. 现代农业科技(14)：102-104.
何民爱,2008. 物流装备与运用[M]. 南京：东南大学出版社.
中国物流与采购联合会冷链物流专业委员会,国家农产品现代物流工程技术研究中心,深圳市易流科技股份有限公司,2021. 中国冷链物流发展报告(2021)[M]. 北京：中国财富出版社.
杨松夏,朱立学,张耀国,等,2019. 果蔬公路运输保鲜配套技术与装备研究[J]. 热带农业工程,43(4)：38-43.